25년 차 미국 교장 제이슨 송의 IB 학교 15년 노하우

IB 교육, 우리는 이렇게 합니다!

25년 차 미국 교장 제이슨 송의 IB 학교 15년 노하우

IB 교육, 우리는 이렇게 합니다!

초판 1쇄 발행 2024년 1월 23일
초판 3쇄 발행 2024년 10월 25일

지은이 제이슨 송
편집 김정은 **교열** 조인영 **디자인** 워터인투와인 **촬영** 임학현
발행인 김용미 **발행처** 스텝스톤
등록일 2023년 11월 6일 **등록번호** 제 2023-000213호
주소 경기도 고양시 일산동구 노루목로 79, 408-803
이메일 stepstone1106@gmail.com
전화 031-812-4566 **팩스** 070-7966-8015

ISBN 979-11-985490-0-6 03370
© 제이슨 송, 2024

25년 차 미국 교장 제이슨 송의
IB 학교 15년 노하우

IB 교육,
우리는
이 렇 게
합니다!

스텝스톤

호세 디아스(Dr. Jose A. Diaz)
샌디에이고 알베르트 아인슈타인학교 교감

■ 탐구 중심의 학습, 문화 간 인식 함양, 그리고 비판적 사고력 증진으로 잘 알려진 IB 교육은 이미 50년 이상 세계의 학생들을 책임감 있는 세계 시민으로 양성해 왔다. 한국의 독자들이 이 책의 페이지를 넘기다 보면 내가 NCA 방문했을 때 보았던 것과 똑같은 감동적 모습을 발견할 수 있을 것이라 믿어 의심치 않는다. 그것은 능동적으로 학업에 참여하는 학생들과 헌신적인 교사들, 그리고 지역 사회 공동체가 단단히 손잡고 보다 좋은 교육이라는 하나의 목표를 공유하며 전진하는 장면이다.

이 책은 NCA의 이야기를 전달할 뿐 아니라, 사고와 성찰을 자극하는 미래 교육에 대한 모범적 본보기이기도 하다. 당신이 교육자이든, 학부모이든 혹은 학생이든 제이슨 송이 들려주는 NCA의 이야기는 IB 학교에 대한 이해를 돕고, IB 교육의 혁신적 커리큘럼을 수용하려는 마음에 불을 붙일 것이라 확신한다. 이 책은 한국어로 쓰였지만 그와 영어로 자주 주고받던 이야기가 고스란히 녹아 있기 때문이다.

크리스토퍼 퀸(Dr. Christopher Quinn)
전 아주사퍼시픽대학 교육학과 교수

■ 한국의 독자들이 이 책에 담긴 NCA의 경험을 읽고 자신의 현장에 적용해볼 것을 강력히 추천한다. 특히 IB 교육 도입을 고민하고 있다면, NCA 제이슨 송 교장의 전문적인 안내가 이 빼어난 제도를 이해하고 실행하는 과정을 보다 원활하게 만들어줄 것이다. 한국의 여러 학교에서 학생과 교사, 대학을 위한 IB 교육의 다양한 장점을 탐구하고 있는 가운데, 이 책이 IB 교육으로의 전환을 가속화하리라 생각한다. 교사와 교육 행정가는 IB 교육의 철학을 깊이 존중하는 가운데 중고등학교 교육과정을 실질적 측면에서 이해할 수 있을 것이다.

이 책에 담긴 NCA의 교사와 학생이 함께 만들어가는 진지하고 흥미로운 수업을 살피다 보면 자연스럽게 IB 교육이 지향하는 평생 학습의 철학을 받아들이게 될 것이다. 다수의 NCA 졸업생이 NCA에서 받은 IB 교육 경험으로 대학에서 탁월한 성취를 보인 바 있다. 이 책은 바로 그 IB 수업 현장과 수업 교안을 포함하고 있다.

미래를 위한 교육을 고민하는 독자들에게

최근 몇 년 사이 IB 교육에 대해 문의하는 한국 지인이 부쩍 늘었다. 그만큼 한국에서 IB 교육이 이슈인 덕이다. 전화나 이메일, 줌 등의 플랫폼을 통해 최대한 설명한다고 했으나 마음 한쪽에는 늘 아쉬움이 있었다. IB 교육의 철학과 지향점에 깊이 동의하는 한 사람으로서 토막 낸 입시 정보가 아닌 긴 호흡의 IB 교육 이야기를 전하고 싶었기 때문이다.

나는 1999년 NCA를 설립해 기존의 AP 교육 시스템으로 10년을 가르쳤고, 2009년 IB 학교로 인증을 받고 15년을 IB 교육 시스템으로 가르쳤다. 그러니까 다른 두 교육 시스템 안에서 아이들이 성장하는 것을 지켜본 증인으로서 나는 IB 교육의 가치를 절감한 사람이다. 물론 IB 교육이 만병통치약이라고 주장하는 것은 아니다. 그러나 현재 존재하는 여러 교육 시스템 중 교육의 이상적 목표에 가장 가까이 다가간 방법이라 말하고 싶다.

IB 교육을 이야기할 때 나오는 다양한 이견 중 대표적인 것이 IB 교육은 학업 성취 수준이 대단히 높은 일부 아이들만을 위한 엘리트 교육이라는 것이다. IB 교육을 통해 뛰어난 아이들이 그들의 재능과 실력에 날개를 다는 것은 맞다. 그러나 IB 교육이 평범하거나 조금 부족한 아이들을 소외시키는 교육은 결코 아니다. 우리 학교를 예로 들어보겠다. 미국에서 대다수 입시생이 보는 SAT 시험은 1,600점 만점이다. NCA 학생들의 SAT 평균 점수는 1,400점가량인데 이는 상위 6~7%에 드는 점수다. 그런데 NCA에 입학한 모든 학생이 처음부터 성적이 뛰어났던 게 아니다. IB 교육을 통해 달라지고 빠르게 진보하며 놀라운 성취를 거둔 아이들이 적지 않다.

공부를 왜 해야 하는지 이유를 알지 못하고, 자신이 할 수 있다는 확신이 없던 아이들이 IB 교육을 통해 놀랍게 달라졌다. 자신의 지난 공부에서 어떤 문제가 있었는지 하나하나 되짚어보고 이를 제대로 이해하려 노력하며 F를 받던 아이가 D를 받고, 다시 C를 받으며 차근차근 한 단계씩 올라갔다. 이렇게 C를 받은 아이가 느끼는 성취감은 처음부터 줄곧 A를 받던 아이보다 결코 작지 않았고, IB의 외부 평가는 각 학생의 수준에 맞는 평가를 적용해 그들이 계속 성장할 가능성을 열어주었다. 그러니 IB 교육은 엘리트 교육인 동시에 노력하고 도전하는 모든 아이에게 기회와 희망을 주는 교육이라고 해도 좋을 것이다. 공부가 싫고, 학교가 싫고,

그로 인해 삶이 행복하지 않은 아이들에게 IB 교육의 철학을 안내하고 새로운 방식의 공부 환경을 제공한다면 그 아이들은 전혀 다른 청소년기를 보낼 것이다.

서문을 적는 지금 조금 염려되는 것은 전 세계 5,000개가 넘는 IB 인증 학교 중 하나를 이끄는 교장일 뿐인데, 마치 내가 IB 교육의 대변인처럼 나선 것은 아닌가 하는 것이다. 그럼에도 IB 교육을 통해 NCA가 세상에 내보이고자 한 인재상에 한 걸음 더 다가섰기에 용감하게 우리 모습을 털어놓는다. NCA에 자랑할 게 있다면 사실 그건 나보다 우리 학교를 지켜준 선생님들 덕분이고, 그분들의 사랑과 지지, 헌신 속에 열심히 노력한 학생들 덕분이다. 그리고 모든 인간적 노력에 앞서 이 모든 걸 계획하신 하나님의 은혜라는 사실을 고백할 수밖에 없다. 인간의 시선으로는 불가능해 보이던 문제들이 해결되는 일이 지난 25년 내내 수없이 있었기 때문이다.

NCA는 매우 소수의 유학생에게 IBDP가 포함된 고교과정 입학을 허용하고 있다. 한 한국 유학생의 학부모가 아이의 변화를 보고, 한국에 IB 교육을 제대로 알리고 싶다며 출간 제안을 해왔다. 처음에 나는 미국의 학교 사례가 한국에 무슨 도움이 되겠느냐며 정중히 사양했다. 시간이 갈수록 IB 교육이 그 학생에게 끼친 긍정적 변화를 보고, 만일 한국의 다른 학생들에게도 일말의 도움이 된다면, 한 사람의 교사로서 우리의 이야기를 전달해야겠다는 생각이 들었다. 그렇게 이 책이 시작되었다. IB 교육 이야기를 하자니 IB 교육을 도입하게 된 이야기부터 설명해야 했고, 자연스레 NCA의 시작까지 거슬러 올라가는 대장정이 되었다. 하지만 이 책은 나 혼자 만든 것이 아니다. 이런 책을 쓰고 있다는 내고백에 졸업생과 교사, 학부모가 기꺼이 자신의 경험을 나눠주었고, 분주한 학기 중에 수업 전체를 공개해 주었다. 우리가 경험한 IB 교육에 대한 믿음과 마음이 모여 이렇게 한 권의 책이 되었다.

LA에 사는 한국계 미국인으로서 이중 언어자란 사실을 매우 자랑스럽게 생각한다. 하지만 고등교육을 미국에서 받은 나로서는 영어로 글을 쓰는 것이 훨씬 편하다. 그런데도 한국어로 이 글을 쓰기로 한 까닭은 NCA의 사례가 한국에 있는 교사와 학생, 그리고 학부모에게 작은 도움이 되었으면 하는 마음에서다. 언어의 한계에서 오는 혹시 모를 오류에 대해 미리 양해를 구한다. 모쪼록 한국에서도 IB 교육이 신나고 치열하고 진지하게 펼쳐지기를 바란다.

2023년 12월
LA 코리아타운 NCA의 작은 집무실에서 제이슨 송

· 차 례 ·

IB 교육 용어 사전

1. IB 교육의 철학적 배경

■ IB 교육의 사명 선언문(Mission Statement)

IB 교육은 문화 간 이해와 존중을 통해 더 평화롭고 더 나은 세상을 만드는 데 기여하는, 탐구적이고 지식이 풍부하며 배려심 있는 젊은이들을 키우는 것을 목표로 한다.

이를 위하여 IBO는 학교, 정부 및 국제기구와 협력하고 교류하여 국제적으로 통용되며 엄격한 평가 체계를 갖춘 도전적 프로그램들을 발전시키고 있다.

이 프로그램들은 전 세계의 학생들이 적극적이고 온정적이며, 다양한 차이를 가진 다른 이들 역시 옳을 수 있다는 것을 이해하는 평생의 학습자가 되도록 이끈다.

❷ IB 교육의 주요 구성 요소

· 국제적 소양 International-Mindedness

모든 사람의 보편적 인간성에 대해 열린 마음을 갖고 다른 문화와 신념을 받아들이고 존중하는 것이다. 또 토론과 협력을 통해 더 평화롭고 더 나은 세상을 만드는 데 참여하는 것이 IB 교육의 국제적 소양이다.

· IB 학습자상 The IB learner profile

IB 교육은 학습자가 추구하는 10가지 역량을 구체적으로 밝히고 있다. 구체적인 내용은 14~15쪽 참조.

· 개념 중심 교육 Concept-based teaching and learning

특정 주제 관련 지식을 획득하는 것이 목표가 되는 기존의 교육 시스템과 달리, IB 교육은 주요 주제와 사실을 연구하는 과정에서 발생하는 개념, 원칙에 대한 이해를 강조한다. 이렇게 이해한 개념은 교과목의 경계를 넘나들며 대상과 현상을 보다 입체적으로 이해하게 이끈다.

· 교수 학습 접근 방법

❶ 교수 접근 방법: 탐구 기반, 개념적 이해 강조, 지역과 세계적 맥락 연결, 효과적인 팀워크 협력, 학습 방해 요소 제거, 평가 정보 활용

❷ 학습 접근 방법: 사고 능력, 리서치 능력, 의사소통 능력, 대인 관계 능력, 자기 관리 능력

탐구하는 사람

학습자는 호기심을 키워 탐구하고 연구하는 능력을 향상시킨다. 학습자는 독립적으로 또 다른 사람과 함께 배우는 법을 익힌다. 학습자는 열정을 가지고 배움에 임하며, 학습에 대한 열의를 평생 가져간다.

지식이 풍부한 사람

학습자는 개념적 이해를 통한 지적 성장을 지향하며, 다양한 학문 분야의 지식을 탐구해 심층적 지식을 습득한다. 학습자는 지역적이고 세계적인 이슈와 의견에 관심을 기울인다.

생각하는 사람

학습자는 비판적이고 창의적인 사고력으로 복잡한 문제를 인식하고 분석하며 책임 있게 결정하고 행동한다. 학습자는 합리적이고 윤리적인 의사 결정을 내리는 데 주도성을 발휘한다.

소통하는 사람

학습자는 하나 이상의 언어와 다양한 소통 방법으로 창의적이고 자신 있게 스스로를 표현한다. 학습자는 다른 개인이나 다른 집단의 의견을 경청하며 효과적으로 협력할 줄 안다.

원칙을 지키는 사람

학습자는 공정과 정의의 토대 위에서 모든 인간의 존엄성과 권리를 존중하며, 성실하고 정직하게 행동한다. 학습자는 우리 자신의 행동과 그 결과에 따른 책임을 진다.

열린 마음을 가진 사람

학습자는 비판적 사고를 통해 자신이 속한 집단의 고유한 문화와 역사를 바라보고, 동시에 타인의 가치관과 전통을 수용한다. 학습자는 다양한 관점에서 바라보고 평가하며, 경험을 통해 성장한다.

배려하는 사람

학습자는 다른 사람의 필요와 감정에 대해 공감과 연민, 존중을 보여준다. 학습자는 헌신적으로 봉사하며 타인의 삶과 지역 사회에 긍정적인 변화를 도모한다.

도전하는 사람

학습자는 신중하게 계획한 다음 의사 결정을 내려 불확실성에 도전한다. 독립적으로 또 함께 협력해 새로운 아이디어와 혁신적 전략을 모색한다. 도전과 변화를 회피하지 않고 슬기롭게 직면한다.

균형 잡힌 사람

학습자는 자신과 타인의 행복을 위해 삶의 지적, 신체적, 정서적 균형이 중요하다는 사실을 이해한다. 학습자는 타인은 물론 우리가 살아가는 세상과도 상호 의존함을 인지한다.

성찰하는 사람

학습자는 자신의 생각과 경험, 그리고 세계에 대해 깊이 성찰한다. 학습자는 개인의 학습과 성장에 도움이 되도록 우리 자신의 강점과 약점을 이해하려고 노력한다.

2. IB 교육의 4가지 프로그램

1 DP(디플로마 프로그램)

가장 바깥 원의 국제적 소양에서 출발해 IB 학습자상이라는 중심 원으로 향해 가는 구조는 4가지 프로그램 모두 동일하다. 엄격한 커리큘럼과 평가 체계로 운영되는 DP는 크게 학습영역과 핵심영역으로 구분된다. 학습영역에서 6개 과목을 이수해야 하고, 핵심영역에서 3가지 과제를 모두 수행해야 수료 자격을 취득할 수 있다.

· DP 학습영역

❶ 6개 과목군

1 언어와 문학(모국어) 2 언어 습득(외국어)

3 개인과 사회 4 과학 5 수학 6 예술

❷ 고급 과정 & 표준 과정

각 학습영역의 과목은 고급 과정과 표준 과정으로 구분된다. DP 과정 수료를 위해서는 3과목(4과목까지 가능)을 고급 과정으로 이수해야 한다.

❸ 내부 평가 & 외부 평가

학교 내부 평가와 IBO 지정 채점센터에서 진행하는 외부 평가가 있다.

❶ 지식이론_TOK: Theory of Knowledge

지식에 대한 정의에서 시작해 지식을 안다는 것은 무슨 의미이며, 나는 그것을 어떻게, 왜 받아들이는지까지를 객관적으로 접근해 보는 과정이다. IB에서 제시하는 6개 문제 중 하나를 선택해 여러 차례 토론하고, 생각을 다듬어 1,600단어(영어 기준) 분량의 글로 제출한다.

❷ 소논문_EE: Extended Essay

학습자가 관심 있는 주제를 설정해 이를 구체적으로 탐구하고 조사해 결론을 도출하는 연구 논문이다. 수업 과정에서 진행한 에세이나 프로젝트를 확장해 약 14페이지 분량(영어 기준 3,500~4,000단어)의 소논문으로 만든다. 소논문은 IB 채점관에 의해 외부 평가를 받는다.

❸ 창의·활동·봉사_CAS: Creativity·Action·Service

학습자의 사회적, 윤리적 역량을 개발하기 위해 학교 울타리를 벗어나 다양한 활동에 참여하도록 장려하는 프로그램이다. 학습자가 창의적으로 자신의 활동을 구상하고 기획, 실천한 뒤 이를 스스로 평가하는 것까지 포함된다. 본인이 구상한 활동을 통해 느끼고 배운 것을 자신의 성장과 변화를 포함해 기록으로 남긴다.

🔁 CP(직업 연계 프로그램)

CP 과정은 인문교육과 직업교육을 통합하고 직업교육의 가치를 제고하기 위해 만든 프로그램이다. CP 자격을 취득하기 위해서는 DP 과정의 학습영역에서 2과목 이상, CP 핵심영역, 직업교육을 모두 이수하고 최저 기준을 충족해야 한다. 가장 바깥 원의 국제적 소양에서 출발해 중심에 있는 IB 학습자상을 향해 가는 구조는 동일하다.

· CP 학습영역

DP 과정 학습영역의 6개 과목 그룹에서 학습자 개인의 관심 직업 분야와 관련한 과목을 최소 2과목(최대 6과목) 이수해야 한다. 표준 과정과 고급 과정에 대한 의무 사항은 없다.

IB 직업 연계 프로그램(CP)

직업교육

성찰 프로젝트

교수 접근 방법

IB 학습자상

통합 학습

언어 개발

학습 접근 방법

자기 개발 능력 및 전문 기술

디플로마 프로그램 과정

국제적 소양

· 직업교육

IBO에서 별도의 커리큘럼을 제공하지 않으며, 각 지역과 학교가 현지의 특징과 학습자의 수요를 토대로 교육과정을 구성한다.

· CP 핵심영역

❶ 자기 개발 능력 및 전문 기술_PPS: Personal and Professional Skills

학교를 졸업하고 직장과 사회에 안착하는 데 필요한 역량을 개발하는 것이다. 윤리적 사고 능력, 문제 해결 능력, 효과적 의사소통 능력, 책임감, 정체성과 회복탄력성 등을 다룬다.

❷ 언어 개발_LD: Language Development

국제적 소양을 핵심으로 하는 IB 교육의 정신을 실현하기 위해 모국어와 함께 외국어 습득을 기본으로 한다.

❸ 봉사 학습_SL: Service Learning

학습자 개인의 지식과 역량을 활용해 지역 사회에 기여하는 것으로 CP 과정 중에 정기적으로 수행해야 한다. 지역 사회의 특성을 이해하고 세계의 일원으로서 책임감을 배운다.

❹ 성찰 프로젝트_RP: Reflective Project

CP 과정을 이수하는 동안 학습자가 가장 흥미를 느낀 부분을 에세이나 영화, 웹사이트 등의 창작물로 만들어내는 작업이며, 외부 평가 대상이다.

❸ MYP(중등교육 프로그램)

엄격한 커리큘럼을 따라야 하는 DP와 달리 기본 틀만 제공되기에 각 나라의 교육과정에 맞춰 융통성 있게 적용할 수 있다. 또 깊이 있는 사고가 가능한 모국어 수업을 장려한다. 8개 교과목이 있으며, 각 과목별로 연간 최소 50시간을 이수해야 한다. 가장 바깥 원의 국제적 소양에서 출발해 중심에 있는 IB 학습자상을 향해 가는 구조는 동일하다.

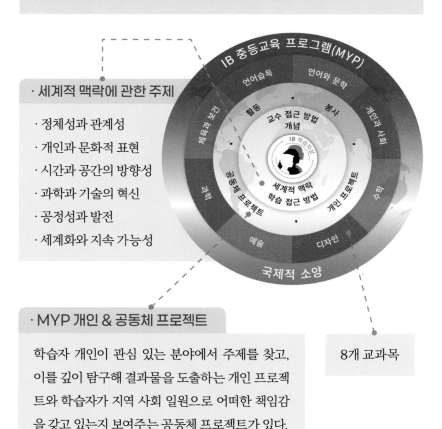

· 세계적 맥락에 관한 주제

· 정체성과 관계성
· 개인과 문화적 표현
· 시간과 공간의 방향성
· 과학과 기술의 혁신
· 공정성과 발전
· 세계화와 지속 가능성

· MYP 개인 & 공동체 프로젝트

학습자 개인이 관심 있는 분야에서 주제를 찾고, 이를 깊이 탐구해 결과물을 도출하는 개인 프로젝트와 학습자가 지역 사회 일원으로 어떠한 책임감을 갖고 있는지 보여주는 공동체 프로젝트가 있다.

8개 교과목

④ PYP(초등교육 프로그램)

가장 바깥 원의 국제적 소양에서 출발해 IB 학습자상이라는 중심 원으로 향해 가는 구조는 동일하다. PYP에서 이를 연결하는 핵심은 과목 경계를 넘나드는 초학문적 주제로 어린 아이들의 지적 호기심을 자극하고 채워 준다. MYP처럼 모국어 수업을 장려하며 각 나라의 교육과정에 맞춰 융통성 있게 적용할 수 있다.

· PYP에서 다루는 핵심 개념 8가지

변화, 기능, 원인, 형태, 연결, 관점, 책임, 성찰

6가지 초교과적 주제

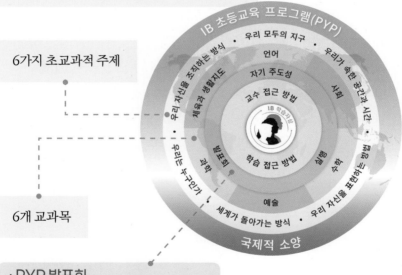

6개 교과목

· PYP 발표회

PYP 과정을 마친 뒤 진행하는 졸업 프로젝트에 해당하며, 실생활에서 찾은 문제를 조사하고 추론해 해결책을 제시한다.

3. 기타 교육 용어 및 정보

대학입학자격시험
SAT: Scholastic Assessment Test

미국에서 널리 쓰이는 표준화된 대학입학시험으로 한국의 대학수학능력시험과 유사한 역할을 한다. 오랫동안 미국 대학 지원의 필수 요소였으나 2020년부터 선택 요소가 되었다. 시험은 크게 언어 영역과 수학 영역으로 나뉘며 1,600점이 만점이다. 매년 7회 시행되는데 연령, 횟수 제한이 없어 여러 번 치른 후 자신의 최고 점수를 제출할 수 있다.

대학입학자격시험 _ ACT: American College Testing

SAT와 더불어 미국 대학 입학에 광범위하게 쓰이는 표준화된 시험이다. 실제 고교 교과 내용을 바탕으로 한 시험이라는 특징이 있다. 언어, 수학, 읽기, 과학 네 영역으로 구분되며 에세이를 추가할 수 있다. 각 영역 최고점은 36점이다. ACT 역시 1년에 7번 실시된다.

대학과목 선이수제 _ AP: Advanced Placement

미국대학위원회(College Board)가 만든 고등학교 교육 프로그램이다. 실력이 뛰어난 고등학생에게 대학 수준의 수업 과정과 시험을 제공해, 학생이 특정 과목에 깊은 지식을 얻고 동시에 대학 학점을 얻을 기회를 제공한다. AP 최종 시험은 학년 말에 진행되며, 점수는 최저 1점에서 최고 5점으로 평가된다. 대개 대학은 5점을 대학 학점으로 인정한다.

미국서부교육연합

WASC: Western Association of Schools and Colleges

IB 교육과는 별개로, 미국의 학교 인증기관이다. 미국 전역을 6개 지역으로 구분해 6개의 인증기관이 있다. 그중 하나인 WASC는 캘리포니아주의 학교와 미국식 교과과정을 운영하는 동아시아와 태평양 지역 학교의 인증을 담당한다. 각 교육 기관들이 합당한 수준의 교육을 효과적으로 제공하고 있는지 서류 심사와 인준팀의 현장 방문을 통해 확인한다. WASC 인증을 받았다는 것은 해당 교육 기관이 요구하는 일정 기준을 충족했음을 의미한다.

유럽 공통언어 참조 기준

CEFR: Common European Framework of Reference for Languages

다양한 언어가 공존하는 유럽에서 언어 사용 능력을 중립적으로 측정하기 위해 개발한 척도다. 언어의 듣기·말하기·읽기·쓰기를 모두 포함하며 영어와 프랑스어를 비롯해 35개 이상의 언어에 적용하고 있다. 가장 낮은 단계인 A1부터 최고급 단계인 C2까지 6단계로 구분하며, 대학교육을 수행하기 위해서는 B2 이상이 요구된다. IBO는 비영어권 학습자가 영어로 DP 과정을 수료했다면 CEFR의 B2 수준에 해당한다고 설명한다.

* 출처: www.ibo.org 홈페이지에서 발췌해 정리

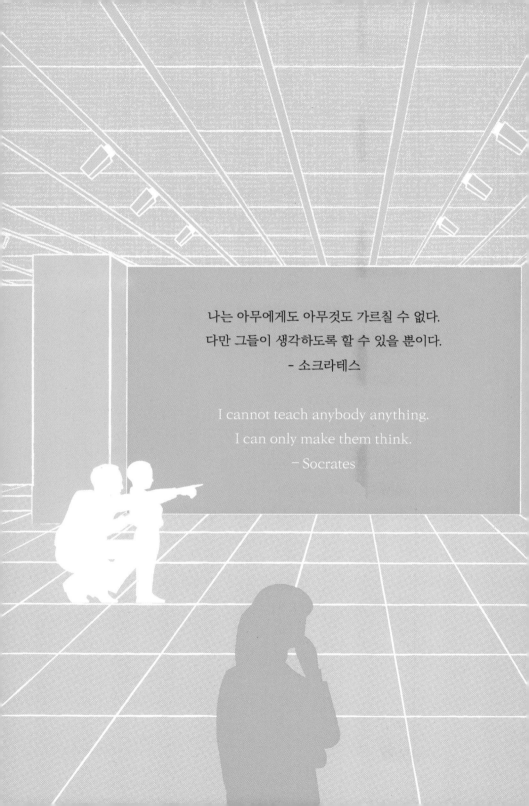

나는 아무에게도 아무것도 가르칠 수 없다.
다만 그들이 생각하도록 할 수 있을 뿐이다.
- 소크라테스

I cannot teach anybody anything.
I can only make them think.
– Socrates

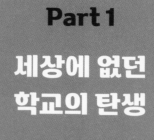

Part 1

세상에 없던
학교의 탄생

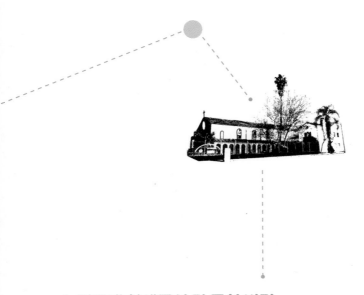

1. 명문대 학생들의 말 못할 비밀

뉴밀레니엄을 코앞에 둔 1999년 8월, 미국 로스앤젤레스(이하 LA)에 작은 사건이 일어났다. 미국 한인 이민 역사상 처음으로 한국계 미국인이 기독교 사립학교를 설립, 개교한 것이다. '새언약학교(New Covenant Academy 이하 NCA)'라는 이름의 이 학교에 11명의 중학생이 입학했다. 교사는 창립자인 우리 부부를 포함해 3명이었다. 여기에 나의 둘째 형님이 파트타임 교목으로 섬겨주었다. 어떤 기준으로 보아도 지극히 미약한 시작이었다. 너무 무모하다는 우려 섞인 걱정도 여기저기서 들려왔다.

하지만 NCA는 결코 평범한 학교가 아니었다. 아이들이 인생이라는 마라톤을 달릴 힘과 실력을 키우는 시공간이 될 곳이었다. 완전히 새로운 학교 모델을 제시하기 위해 나와 아내는 4년여간 시도하고 넘어지고 일어서며 꿈을 키웠다. 우리가 새로운 학교 모델을 고민하고 연구해 구체화한 데는 여러 이유가 있지만, 가장 중요한 두 가지 이유는 이러하다.

첫째, 미국 서부의 명문대로 손꼽히는 캘리포니아대학 로스앤젤레스(이하 UCLA) 학생들이 학업을 따라가기 어려워 고민하는 상황이었다. 얼핏 들어서는 잘 이해되지 않겠지만 그런 상황은 생각보다 빈번하게 발생했다. 당시 UCLA에서 정치학 박사과정을 밟고 있던 나는 LA의 한 한인교회 대학부에서 교사로 봉사하고 있던 터라 대학생들을 만날 기회가 잦았다. 그런데 성실하고 성격도 좋은 청년들이 대학에서 저조한 성적으로 힘들어하고, 수업을 따라가지 못해 전공을 여러 차례 바꾸는 경우가 종종 있었다. 좋은 대학 입학까지는 성공했지만, 막상 대학에 진학하고 보니 어떻게 공부해야 할지 막막했던 탓이다. 적지 않은 학생들이 효과적이고 효율적인 학습법을 알지 못했고, 자신의 시간과 체력을 배분하는 생활 관리법을 몰라 대학 생활 자체를 버거워했다.

그들의 고민이 남 일 같지 않았던 나는 틈나는 대로 내가 아는 공부 노하우를 집약해 전달하기 시작했다. 어떤 프레임 아래 어떻게 강의 노트를 정리해야 하는지, 책을 읽기 전 어떤 질문에 대한 답을 염두에 두고 접근해야 하는지, 어떻게 시간을 관리해야 하는지, 페이퍼는 어떻게 써야 하는지 등 대학생에게 필요한 현실적인 팁을 수시로 알려주었다.

몇 개월 뒤, 도움을 받은 학생들이 고맙다며 식사 자리를 마련했는데,

이 자리에서 자연스럽게 입시 공부에 대한 이야기가 나왔다. 학생들이 돌아가며 한 이야기를 요약하면 다음과 같다.

"초등학생 때부터 고등학교 졸업할 때까지 계속 과외와 학원 지도를 받았어요. 부모님이 영어에 어려움이 있고, 또 미국 대학에 대해 잘 모르기 때문에 학원에 전적으로 의지하셨어요.[1] 학교에서 이해하지 못한 내용은 학원에서 바로바로 답을 주었기에 저도 그게 편했고요. 지금 생각해보면 제가 혼자 공부하는 방법을 터득하지 못한 게 너무 오랜 시간 학원에 의존했기 때문인 것 같아요."

"답을 외우는 방법은 다양하게 배웠지만, 왜 그런 답을 얻었는지, 다른 대안은 없는지 고민하고 얘기해본 적은 없어요. 왜 아무도 제이슨 선생님이 저희에게 알려주신 것처럼 대학 공부에서 필요한 생활 습관과 공부 방법을 제대로 가르쳐주지 않았을까요? 가끔 생각하면 화가 나기도 해요."

집으로 돌아오는데 학생들의 원망과 자조에 찬 목소리가 계속 마음에

---

1 미국 이민 사회에서 사교육은 일종의 필요악이라 할 수 있다. 이민자의 언어 장벽과 현지 교육 시스템에 대한 낮은 이해는 자연스럽게 미국에서 교육을 받아 미국 교육 시스템을 이해하고 영어가 능숙한 동일 인종의 '서비스'에 의지하는 경로를 만들었다. 또 초등학생의 경우 보통 오후 2시경 하교하는데, 근무 시간이 유연하지 않은 대다수 부모가 업무 중간에 학교에 가서 아이를 데려올 수 없다. 그래서 학교를 마친 아이를 픽업해 간식을 제공하고 부모가 퇴근하는 시간까지 아이들을 돌보며 숙제를 돕는 서비스가 필요하다. 다시 말해 사교육에 의존하는 것이 이상적이지 않음을 알고 있지만, 이민자 부모가 아이들을 돌보고 교육하는 데 필요한 서비스를 학원 등 사교육이 제공하고 있는 게 현실이다. 문제는 이민자 부모의 두려움을 교묘히 이용해 사교육을 과신하게 만드는 것이다. 이는 부모가 이곳의 교육 시스템을 충분히 이해하고 언어 소통에 어려움이 없어질수록 해결될 것으로 생각한다.

남았다. 사실은 나도 학습에 필요한 역량을 제대로 갖추지 못한 채 대학에 진학해 무척 고생한 경험이 있다. (이 이야기는 뒤에서 자세히 털어놓겠다.) 만일 대학에서 좋은 지도교수를 만나지 못했다면 나도 이 학생들과 같은 처지에서 벗어나지 못했을 것이다.

미국의 소위 명문 대학은 학생들에게 치열하게 공부할 것을 요구한다. 중고등학생 때보다 학습량이 대폭 늘어나는 것은 물론이고, 그 깊이도 훨씬 깊어진다. 게다가 부모의 관리와 사교육의 도움도 현저히 줄어들기에 학생 스스로 자신을 컨트롤하지 못하면 공부는 물론 대학 생활 자체가 매우 어려워진다. 세상에는 학생 개개인의 부족한 부분을 보충해주는 긍정적 의미의 사교육도 분명 존재한다. 하지만 입시를 목표로 하는 대개의 사교육은 학생과 학부모의 불안을 파고들어, 테크닉과 암기를 통해 당장 눈앞의 시험에서 성과를 내는 데 치중한다.

중고등학생 시기에 사교육 의존도를 낮추고 자신에게 맞는 공부 방향과 방법을 찾는다면, 학교라는 건강한 울타리 안에 아이들이 그런 훈련을 받을 수 있는 시스템을 구축한다면 근본적인 해결이 될 텐데 싶었다. 하지만 현실에서 그런 학교를 찾아보기는 힘들었다. 효과적 교수·학습 시스템을 갖춘 학교, 실력과 헌신하는 마음을 갖춘 교사들이 포진한 학교에 대한 막연한 그림이 있었지만, 이때까지만 해도 내가 직접 그런 학교를 설립하게 될 거라고는 상상조차 못했다.

2. 미국 학교의 환상과 실제

　새로운 학교 모델을 고민하고 연구해 구체화한 두 번째 이유는 LA의 학교 현실 때문이다. '미국 학교' 하면 어떤 그림이 떠오르는가. 한없이 자유로운 분위기에서 놀이처럼 공부하는 이미지? 최첨단 시설에서 최신 기자재를 갖고 실험하는 아이들? 혹은 예체능 교육을 수학이나 영어 교육보다 중시하는 곳? 지금이야 현장 정보가 실시간으로 공유되는 시대라 많은 사람이 구체적이고 현실에 가까운 모습을 알고 있지만, 1990년대만 해도 이런 막연한 이미지를 이야기하는 이들이 적지 않았다.

　미국은 워낙 넓은 나라다 보니 주별로 공립학교 시스템에 차이가 있다. 같은 주 내에서도 학군지와 학교에 따라, 그리고 교사·행정진·학생·학부모 등 그 구성원의 교육 참여도가 어떠한지, 해당 학군의 교육 예산이 얼마나 되는지, 또 교사들의 실력과 의지가 어떠한지 등에 따라 개별학교의 분위기나 성취도가 매우 다르다.

　1996년경 나는 '로제타 스톤(Rosetta Stone)'이라는 학습 소프트웨어의 한국 지역 공급과 마케팅을 담당하고 있었는데, 그 일과 연계해 LA 통합교육구 내 여러 학교를 방문할 기회가 있었다. LA 지역의 공립학교와 사립학교의 교장 몇 분이 이 프로그램을 활용해 아이들의 학업 성취를 향상시킬 수 있는 방법을 문의해 왔기 때문이다. 당시 많은 이들이 그랬듯 이 리더들도 미국 학교 교육의 미래가 컴퓨터와 소프트웨어에 달려 있다고 판단했고, 그것의 현실화를 타진해달라는 요청이었다. 그래서 LA 통합교육구 내 학교들을 방문했는데, 거기서 목격한 것은 믿기 어려울 정도로 열악한 학교 환경이었다.

초등학교는 교실과 복도를 가리지 않고 넘치는 학생들로 바글거렸고, 지친 교사들은 학생들에게 고함을 치기 일쑤였다. 보조 교사들은 지시에 따르지 않는 학생들을 따로 모아 설득하고 달래느라 온종일 진을 뺐다. 중고등학교는 복도나 운동장, 교실마다 욕설이 난무했다. 폭력 조직에 가입한 학생들로 인해 긴장감이 팽팽한 가운데 대다수 학생은 물론 교사들마저 눈치 보는 게 느껴졌다. 몇몇 고등학교는 보안 검색대와 금속 탐지기를 설치하고 매일 아침 학생들을 하나하나 통과시켰다. 학교에서 학생들의 안전을 보장하기 어려워 교내에 경찰지서를 마련하고, 현직 경찰이 매일 그곳으로 출근해 치안을 유지하는 고등학교도 있었다. 가장 답답하고 화가 났던 것은 영어에 능숙하지 못한 이민자 학생들의 무표정한 모습이었다. LA 지역의 특성상 이민자 아이들이 상당히 많았는데, 안타깝게도 그 아이들은 모국어로도 영어로도 제대로 배우지 못하며 아까운 시간을 흘려보내고 있었다.

당시 내가 방문한 LA 지역 공립학교들은 소프트웨어로 학업 성취도를 향상시키고 유도할 준비가 전혀 되어 있지 않았다. LA 통합교육구 교육감 몇 분과 이에 대해 대화를 나눴는데, 그들은 이런 현실을 결코 모르지 않았다. 오히려 내 예상보다 정확하게 파악하고 있었지만 근본적인 해결

책을 찾기보다는 급한 불을 끄기에 급급했다.[2]

공립학교에 이어 사립학교를 찾아 교육 현장을 살펴보았다. 미국에서 사립학교는 주 정부의 예산을 지원받지 않고 수업료로 운영비를 충당하기에 학부모의 부담이 높은 편이다. 가톨릭 계열 학교는 조금 예외인데 성당이나 수도원 등의 후원을 받는 덕이다. 그래서 개인적으로 가톨릭 계열 학교는 경제적으로 큰 부담 없이, 안전한 환경에서 전통 교육과 최신 교육이 공존할 것이라는 기대가 있었다. 그러나 직접 본 작은 가톨릭 학교들은 시대 흐름과 변화에 발맞추지 못하고 이미 효용이 다한 커리큘럼과 교재를 고집하고 있었다. 어떤 학교는 과밀 학급과 낮은 학업 성취 등이 공립학교와 다를 바 없었다. 기독교계 학교라고 별반 나을 게 없었다. 기독교 정신으로 전인교육을 추구한다고 말하지만 교사의 자질과 학생의 학업 성취 모두 공립학교와 큰 차이가 없었다. 재정이 부족해 자격 미달 교사를 고용한 경우도 많았으며, 교사의 전문성을 키우기 위한 프로그램이나 시스템은 찾아볼 수 없었다. 기독교인으로서 종교 계열 학교의 상태를 목격한 나는 적잖이 충격을 받았다.

물론 환경이 좋고 학업 성취가 우수한 명문 사립학교도 있었다. 그러나 이런 학교는 1990년대 중반에 이미 연간 학비가 2만 달러에서 4만 달

2　그들을 비난하려는 게 아니라 그럴 수밖에 없는 상황, 그런 시스템 속에 있었다는 뜻이다. 거대한 공룡 같은 LA 통합교육구를 개혁한다는 것, 시스템을 개선한다는 것은 거의 불가능해 보였고, 점진주의(incrementalism)가 그들의 방식이었다.

러에 달했다. 학부모가 큰 비용을 감당해야 다닐 수 있는 학교라 경제적으로 여유로운 계층만 접근이 가능했다. 학비가 해결된다고 끝이 아니었다. 학부모의 다양한 참여와 사교, 후원이 연결되는 구조라 해당 학교에 아이를 보내는 한국계 학부모도 학교 구성원의 엘리트 의식과 텃세, 은근한 인종차별로 어려움을 느낀다고 털어놓았다.

이렇게 약 반년에 걸쳐 LA 통합교육구 내 공립학교와 사립학교 현장을 직접 확인했다. 나는 이런 현실이라면 어떤 소프트웨어, 무슨 테크놀로지를 활용하더라도 학교 환경을 바꾸고 학생들의 학업 성취를 향상시키는 것은 불가능에 가깝다고 결론을 내렸다. 시스템 부재와 물적·인적 자원 부족, 의지 부족으로 교육 환경을 총체적으로 개선할 길이 보이지 않았기 때문이다. 당시 아직 자녀가 없던 우리 부부는 LA 학교의 현실에 대해 대화를 나누며, 나중에 아이가 태어나면 보내고 싶은 학교가 없다며 실망으로 고개를 흔들곤 했다. 그리고 이 경험은 내가 새로운 기독교 학교 모델을 꿈꾸고 도전하게 된 두 번째 이유가 되었다.

이후 꽤 긴 시간을 들여 LA 통합교육구 내 상황을 진단하고 문제를 정리해보았다. 우선 학생 개개인에게 필요한 것을 공급하는 진짜 교육이 되려면 교사 한 명이 30명 이상의 학생을 지도하는 것은 무리가 있다. 학년과 교과에 따라 차이가 있겠지만, 이상적으로 잡자면 15명가량이 적당하다. 각 학생의 수준과 성향에 따라 다양한 방법으로 지도할 수 있어야 하며, 교사의 성장을 위한 지속적인 훈련이 뒷받침되어야 한다. 교사는 새로운 시대에 걸맞은 패러다임을 받아들이려 노력하고, 학교는 이를 적극 지원해 학생이 질 높은 수업을 받고 충분히 존중받고 성취하는 경험을 쌓을 수 있어야 한다.

미국에서 그리고 한국에서 대부분의 중고등학교는 입시 공부에 긴 시간을 쏟아붓는다. 문제는 입시 공부와 진짜 공부 사이의 괴리이고, 그 사이에서 사교육이 아이들을 암기 위주 학습으로 빨아들인다는 것이다. 이렇게 공부하면 당연히 대학 진학 이후 공부가 벅차고 힘들 수밖에 없다. 스스로 자료를 분석하고, 비판적으로 사고하고, 공부한 내용을 말과 글로 표현하는 방법을 배울 기회가 거의 없으니 당연하다. 어쩌면 오래전 나 자신이 그런 학생 중 하나였기에 더 답답하고 보다 간절한 마음이 들었던 것인지도 모르겠다.

아이들의 인생은 좋은 대학에 입학하는 것으로 끝나지 않는다. 좋은 대학 합격은 의미 있는 성과이자 과정임이 분명하다. 하지만 보다 심도 있는 수준의 학구적 탐구는 대학에서 시작된다. 또 대학 과정은 단지 학구적 탐구 자체에 그치지 않는다. 다른 사람과 소통하고, 공정하지 않은 것에 문제의식을 느끼고 개선할 방법을 찾아내고, 이전 세대가 풀지 못한 문제를 풀어내는 과정에 뛰어드는 곳이 바로 대학이다. 그리고 이 과정을 어떻게 경험하고 체화하느냐에 따라 아이들의 진로는 물론 세상을 바라보는 관점이 달라진다. 그런 맥락에서 내가 목격하고 짚어낸 문제들을 해결해줄 수 있는 학교가 생기기를 간절히 바랐다.

3. 세상에 없지만 세상에 꼭 필요한 학교

시간이 갈수록 새로운 모델의 학교가 꼭 필요하다는 생각이 진해졌다. 교육학계에서 권장하는 이상적 요소를 갖춘 학교, LA 같은 다문화 대도시에 정착한 이민자 가정의 필요를 충족해줄 학교가 있다면 얼마나 많은 아이들의 인생이 달라질 수 있을까 싶었다. 생각이 꼬리에 꼬리를 물고 이어지면서 그런 학교라면 어떤 요소를 우선적으로 갖춰야 할지 정리하기에 이르렀다.

첫째, 높은 학업 성과가 보장되어야 한다. 미국으로 이민 온 많은 이들에게 자녀 교육은 최우선 순위다. 대개의 이민자는 이민 초기에 정착을 위해 상당한 대가를 치르게 마련이다. 영어에 능숙하지 않고 미국 시스템에도 어두우니 직장이나 사회적 지위 대부분이 하향한다. 한국에서 사업을 크게 일구었거나 대기업 임직원이었던 사람도 미국에 도착하면 작은 잡화점이나 세탁소 등에서 일을 시작하는 경우가 부지기수다. 대신 자녀만큼은 잘 교육시켜 미국 주류 사회에 자리 잡게 하겠다는 열망이 크다. 물론 부모의 대리 만족은 건설적이지 않고 종종 부작용도 발생한다. 하지만 많은 위험과 손해를 감수하고 이민을 택한 부모가 자녀 교육에 매달리는 것도 이해 가는 부분이 있고, 제대로 교육받은 다음 세대가 부모 세대와 다른 출발선에서 시작해 성취를 이루는 것도 사실이다.

그렇기에 우수한 학업 성취를 보장하는 학교여야 LA의 일반 학부모는 물론이고 이민자 부모도 선호할 것이다. 중고등학교 과정에서 학업 성취란 대학 입시를 빼고 이야기하기 어렵다. 하지만 입시 성적만을 목표로 잡느냐, 입시 성적을 내는 과정을 아이 스스로 생각하고 구성해 채워가느냐는 전혀 다른 접근이다. 학생들이 후자의 방식을 통해 스스로 성취하는 경험을 할 수 있도록 이끄는 학교여야 한다. 또 남들이 말하는 좋은 직업을 향해 무작정 달려가는 것이 아니라 자신의 재능과 성향에 맞는 방향을 고민하고 찾을 수 있는 시간과 공간을 제공하는 곳이어야 한다.

둘째, 합리적인 학비의 사립학교로 구성하는 동시에 사교육이 필요 없는 시스템으로 운영해 학부모에게 이중 부담이 가지 않아야 한다. 앞서 언급했듯이 미국의 사립학교는 학부모의 비용 부담이 높을 수밖에 없는 구조다. 그렇다면 이 새로운 학교는 불필요한 시설 투자 없이 소수정예의 작은 규모로 운영하면 비용을 낮출 수 있을 것이다. 또 LA에서도 사교육은 당연시되고 있는데, 한국계는 물론이고 중국계나 인도계, 백인 아이들도 다양한 루트로 사교육을 받는다. 한국 이민자의 경우, 부모가 영어나 미국 교육 시스템에 익숙하지 못하기에, 한국계 사교육 업체를 통해 정보를 얻고 진학 관리를 맡기는 특징이 있다. 그렇다면 이 새로운 학교가 사교육이 하지 못하는 일, 즉 학생들에게 공부 지향점을 안내하고, 자기 관리법과 상담, 다양한 교과 내외 수업을 함께 제공한다면 아이들과 학부모 모두 사교육 부담에서 벗어날 수 있을 것이다.

셋째, 신뢰하고 안심할 수 있는 학교여야 한다. 개인적으로 미국 공립학교에서 초중고교를 다녔기에 미국 학교가 갖고 있는 문제의 심각성을 알고 있다. 입시 몰입이나 경쟁 측면에서만 보자면 미국은 한국에 비해 부담이 덜하다고 볼 수 있다. 하지만 미국의 학교는 교내의 마약 이슈, 학교 안팎의 폭력과 괴롭힘, 인종차별과 성적 문란함, 가족 해체로 인한 방치 등이 만연한 상황이다. 이런 문제는 시간이 갈수록 대도시 학교에서 점점 심각해지는 양상을 보이고 있다. 나는 그 해결책이 처벌과 감시, 회피가 아닌 기독교적 세계관에 있다고 믿었다. 단순한 종교적 순화나 억압이 아니라 기독교 철학에 근거해 올바른 윤리와 도덕, 개인의 자유와 책임 등을 나누고 가르칠 때 아이들 스스로 옳고 그름을 구분하며 성장할 수 있을 것이다.

넷째, 교사와 학생이 모두 성장할 수 있는 학교여야 한다. 학교는 교사에게 가르치는 일과 학생을 대하고 평가하는 권한을 최대한 부여하고, 그와 동시에 교사가 꾸준히 훈련받고 성장할 기회를 제공해야 한다. 그래야만 교사는 단순히 지식을 전달하는 차원을 넘어, 학생들의 인생 조력자로 함께 걸어갈 수 있을 것이다. 학생들은 자연스럽게 자신의 인생을 설계하는 데 무엇이 진짜 필요한지 이해하고, 교사와 학교가 안내하는 방향을 향해 힘써 달릴 것이다.

새로운 학교의 요건을 하나하나 정리할수록 내 안에서 그런 학교를 만들고 싶다는 열망이 크게 자라났다. 이를 현실화하려면 당연히 상당한 재정과 인력이 필요했다. 내 전문 분야에서는 제법 인정받는 젊은이였지만, 고작 30대 초중반의 우리 부부 앞에 놓인 현실 장벽은 높고도 견고했다. 결과적으로 우리 부부는 4년여의 분투를 거친 뒤에 지극히 작은 모습으로, 하지만 우리가 꿈꾼 요소를 그대로 담은 NCA를 개교할 수 있었다. 글 도입부에 밝힌 학생 11명과 교사 3명의 시작이 그것이다.

우리의 소박한 시작을 보고 이 모험이 지속되리라고 예상한 이들은 많지 않았다. 고작 학생 11명이 다니는 곳이 진짜 학교인지[3], 사무실 같은 곳에서 수업해도 되는지, 그렇게 작은 학교에 다니고도 대학에 진학할 수 있는지 의심하는 목소리가 자주 들려왔다. 쉽지 않은 도전이 이어졌지만, 우리는 '세상에 없던, 그러나 세상에 꼭 필요한 학교'라는 초심을 기억하며 기쁜 마음으로 탐험을 계속해왔다. 25년이 지난 현재 NCA는 매년 기대 이상의 성과를 내며 흥미진진한 모험을 이어가고 있다.

4. 아무도 알려주지 않았던 대학 공부

이제 내가 대학 입학 직후 겪은 부끄러운 일화를 털어놓겠다. 내가 학업 때문에 방황하는 교회 대학부 청년들에게 마음이 간 이유이기도 하다. 나는 1985년 LA 외곽에서 9~12학년 전교생이 3,000명에 달하는

---

3   한국에는 덜 알려져 있지만, 미국에는 NCA처럼 규모가 작은 학교가 상당히 많다. 특히 LA 유대인 밀집 거주 지역으로 꼽히는 페어팩스(Fairfax) 지역에는 약 3.2km² 내에 80여 개의 작은 학교들이 모여 있다. 보통 수십 년의 역사를 자랑하며, 랍비의 가르침을 따르는 유대인의 특성상 적게는 수십 명에서 200명의 학생이 다닌다.

대형 공립고교를 졸업하고, 전교생이 1,600여 명에 불과한 학부 중심 대학(Liberal Arts College)인 옥시덴털대학(Occidental College)에 진학했다. 그리고 그곳에서 나는 내가 고등학교 교육을 제대로 받지 못했다는 사실을 뼈저리게 확인했다.

첫 학기 개강을 앞두고 교재를 구입하러 교내 서점에 갔다가 까무러칠 뻔했다. 세 과목 수업을 택했는데, 각 과목별 필수 참고 도서가 예닐곱 권이나 되었다. 책 구입에 큰돈을 지불해야 한다는 것도 당황스러웠지만, 그것보다 10주 동안 어떻게 이렇게 어렵고 방대한 양의 책을 다 읽고 소화하라는 건지 이해가 되지 않았다.

기숙사로 돌아와 쌓인 책들을 멍하니 쳐다보고 있자 룸메이트가 무슨 문제가 있느냐고 물었다. 나는 이렇게 많은 책을 한 번에 읽어본 적도 없고, 입시를 준비하며 본 수험서처럼 암기하도록 정리되어 있지도 않다며 불평했다. 도대체 어디서부터 어떻게 해야 할지 모르겠다고 털어놓았다. 룸메이트는 명문 사립학교 출신이었는데, 내 얘기를 듣더니 대체 어떻게 우리 대학에 합격했느냐며 고개를 갸우뚱했다. 그러더니 자신의 고교 친구들과 스터디그룹을 만들어 토론할 예정인데, 그 그룹에 끼워줄 테니 같이 해보자고 했다. 스터디그룹이 무엇인지도 몰랐지만 지푸라기라도 잡는 심정으로 알겠다고 하고 합류했다. 스터디그룹에 참가해 보니 나의 실력이 고스란히 드러났다. 결론부터 말해 나는 우수한 학부 중심 대학에서 수학할 준비가 전혀 되어 있지 않았다. 책을 읽고 노트를 정리하는 방법도 몰랐고, 그 노트를 재정리해본 적도 없었으며, 훌륭한 프레젠테이션을 하거나 페이퍼를 쓰는 것은 기대할 수도 없었다. 스터디그룹에서 친구들이 주고받는 논의를 이해하지 못했고, 강의 시간에 토론이 시작되면 교수님이 내 이름을 부르지 않기만 바랐다. 고교 시절엔 시험 성적이 제법 좋은 학생이었는데, 갑자기 어찌된 영문인지 스스로도 이해가 가지 않았다. 하루하루 시간이 갈수록 그동안 내가 한 공부는 그저 암기뿐이었다는 생각이 밀려왔다. 공부에서 암기가 필요한 영역이 분명히 있지만 제대로 된 공부를 하는 데는 암기만으로는 턱없이 부족하다는 걸 깨닫는 순간이었다.

며칠을 고민한 나는 결국 지도교수였던 보셰 교수님을 찾아가 대학을 포기하겠다고 털어놓았다.[4] 내 넋두리를 묵묵히 듣던 보셰 교수님은 그날 저녁에 자기 집에서 같이 저녁을 먹으며 더 이야기를 나눠보자고 제안했다. 무거운 마음으로 저녁 시간에 교수님 댁을 찾았다. 음식이 준비된 테이블에는 교수님 외에 또 다른 참석자가 있었는데, 정치학과 최우수생으로 유명한 중국계 여학생 선배였다.

----

4   옥시덴털대학은 지도교수 한 명이 약 20명의 신입생을 4년간 꾸준히 관리하는 시스템을 갖추고 있다. 나를 4년간 자상히 지도해주신 로저 보셰(Roger Boesche) 교수님은 여러 차례 '올해의 최고 교수상'을 받은 분이다. 내가 정치학을 전공으로 택한 데에도 보셰 교수님의 영향이 컸는데, UCLA 대학원에 진학할 때는 정말 열정적인 추천서를 써주셨다. 나를 포함해 보셰 교수님을 인생의 멘토로 여기는 제자가 한둘이 아니며, 버락 오바마(Barack H. Obama) 전 미국 대통령도 그중 한 명이다.

식사를 하며 보셰 교수님은 내가 열심히 노력한다면 그 선배처럼 4년 후 과의 최우수 학생이 될 잠재력을 갖고 있다고 격려했다. 왜 그렇게 생각하는지, 또 그게 정말 가능한 일인지 묻는 내 앞에서 교수님은 나의 생활기록부를 펼쳤다. 교수님은 내가 초등학교 6학년 때 미국에 이민 와서 겨우 6년 만에 당시 미국 학부 중심 대학 랭킹 25위권에 속한 옥시덴털 대학에 합격한 것은 대단한 일이라고, 내게는 그만큼 가능성이 있는 거라고 했다. 또 고등학교에서 4년간 줄기차게 미식축구 선수로 활동한 것은 자신을 관리하는 능력과 혹독한 훈련을 받을 준비가 되어 있음을 가리킨다고 짚어주었다. 교수님은 대학 포기는 나의 선택이지만, 만약 제대로 배워보고 싶다면 최선을 다해 도와주겠다고 했다.

기숙사로 돌아온 나는 한숨도 잘 수 없었다. 네 형제 중 막내인 나는 형들과 달리 학부 중심의 사립대학을 택했고, 이는 부모님이 주립대학에 다니는 형들에 비해 비싼 학비를 지불한다는 뜻이었다. 만일 내가 대학을 포기한다면, 작은 가게에서 매일 14시간 이상 일하면서도 자녀들이 좋은 대학에 진학한 것을 기쁨이자 자랑으로 여기는 부모님이 실망하실 게 뻔했다. 가슴이 터질 것 같았다. 제대로 공부하지 않은 스스로가 한심했고, 내게 제대로 공부하는 법을 알려주지 않은 학교와 선생님들이 야속했다. 온갖 생각이 밀려왔지만 당장 내가 할 수 있는 선택은 둘 중 하나였다. 꼬리를 내리고 집으로 도망치거나, 아니면 죽기 살기로 한판 붙어보거나.

다음 날 아침, 나는 보셰 교수님을 다시 찾았다. 정말 열심히 할 테니 제대로 공부하고 졸업할 수 있도록 도와달라고 부탁했다. 교수님은 씩 웃으시더니 그 자리에서 전화를 걸기 시작했다. 같은 과 선배, 교육학과 선배, 대학 내 작문 교수님 등을 연결해 나의 학습 도움을 요청했다. 과 선배에게는 자신의 경험을 구체적으로 나눠주라고 주문했고, 교육학과 선배에게는 효율적 공부 방식을 전수하게 했다. 작문 교수님에게는 내가 작성한 페이퍼를 제출 전에 읽어보고 수정이 필요한 부분을 가차 없이 지적해달라고 부탁했다.

다양한 파트너에게 개별 지도를 받는 중에도 보셰 교수님은 수시로 나를 불러 어떻게 책을 읽고 어떻게 노트를 정리하며, 어떻게 준비해 토론에 참여하는지, 또 페이퍼는 어떻게 구상하고 써야 하는지 직접 설명하고 시범을 보여주셨다. 무려 2년에 걸친 특급 훈련이었다. 2학년까지 혹독한 훈련을 받은 나는 3, 4학년 때는 정말 좋은 성적을 받았고 공부하는 과정을 즐기다 우수한 성적의 장학생으로 졸업할 수 있었다.[5] 보셰 교수님의 장담이 현실로 이루어진 셈이다.

오래전 일이고 또 좋은 결과로 이어졌기에 이렇게 웃으며 털어놓지만,

---

[5] 좋은 성적을 거둔 덕에 3학년 때는 우리 대학과 학점 연계 대학인 워싱턴 D.C. 소재 아메리칸대학 (American University)에서 한 학기를 수강하며 연방 하원의원과 상원의원 사무실 두 곳에서 인턴십을 할 수 있었다. 또, 3학년 말에는 옥시덴털대학의 RIF(Richter International Fellow)로 선정되어 장학금을 지원받으며 한국에서 현장 연구를 진행하기도 했다.

지금 생각해도 그 시간은 정말이지 아찔하게 고통스러웠다. 선배나 동급생에게 도움을 청하고 반복해 묻다 보면 부끄러운 마음이 앞섰고, 나와 달리 이 모든 과정을 당연하게 해내고 있는 몇몇 친구들을 보면 부럽다 못해 얄밉기도 했다. 페이퍼를 내기 전 작문 전담 교수님의 세밀하고 예리한 지적을 받는 것 역시 인내심과 끈기가 필요했다. 공부의 기본인 이런 훈련을 왜 중고등학생 시절에 조금도 받지 못했는지 억울한 마음도 들었다.

그런데 당시에는 내 공부를 따라가기도 벅차 눈치채지 못했는데, 이렇게 대학 공부에 준비가 되지 않은 건 비단 나만의 문제가 아니었다. 상당수 이민자와 유학생이 겪었고, 또 겪고 있는 문제라는 걸 알게 되었다. 거기에는 미국의 고등학교에서 대부분 시행하는 AP 프로그램 영향도 있었다. AP 프로그램은 과목별로 방대한 양의 내용을 암기해 시험을 치러야 하기 때문이다. 이에 대해 보다 진지한 고민을 시작한 것은 NCA를 설립하고 난 뒤의 일이다.

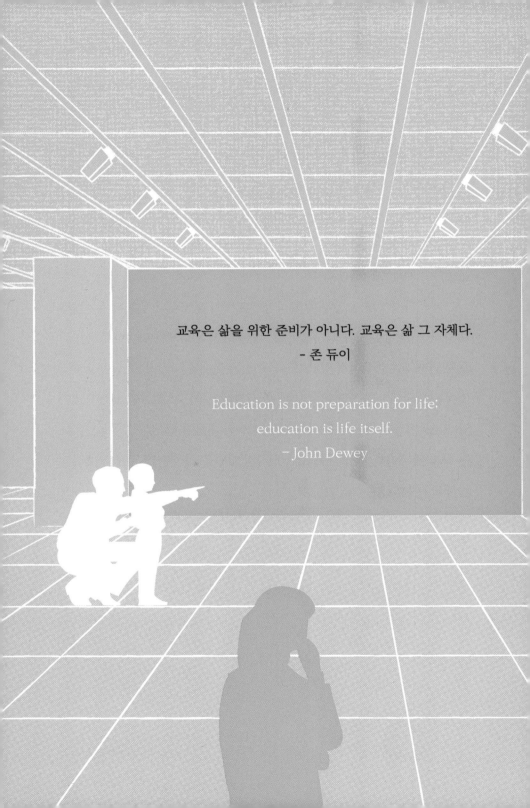

교육은 삶을 위한 준비가 아니다. 교육은 삶 그 자체다.
– 존 듀이

Education is not preparation for life:
education is life itself.
– John Dewey

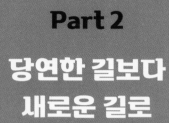

Part 2

당연한 길보다
새로운 길로

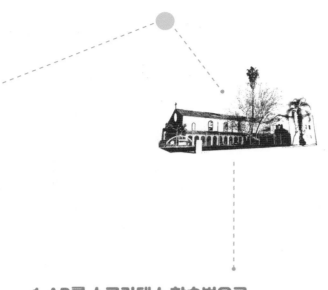

1. AP를 소크라테스 학습법으로

미국의 대학 입시에 관심 있는 독자라면 AP 프로그램에 대해 들어보았을 것이다. 정확한 명칭은 '대학과목 선이수제(Advanced Placement)'로 우수한 고등학생에게 수준 높은 학업 기회를 제공하는 것을 목적으로 한다. 학생이 AP 과목을 이수하고 AP 시험을 치러, 최종적으로 일정 점수 이상을 획득하면 대학 진학 후 취득 학점으로 인정해주는 좋은 제도다. 그러나 우수한 학생뿐 아니라 대부분의 학생이 입시용 성과를 위해 무리해서 AP 수업을 이수하는 게 현실이며, 학생들은 방대한 학습 범위와 높은 난도로 암기에 시간과 품을 많이 들인다.

대입을 준비하는 학생은 대부분 AP 외에 한국의 수학능력시험에 해당하는 SAT나 ACT 시험 준비도 병행한다. AP나 SAT 등의 시험은 문제 형태를 사전에 다 공개하고, 다양한 문제집을 통해 연습할 수 있기에 유형을 외우고 반복해 풀어보면 대개 점수가 올라간다. 시험 준비용 사교육이 미국에서도 활발한 이유다. 암기 위주 시험인 AP 프로그램의 한계는 오래전부터 많은 이들이 지적해왔다.[1] 그럼에도 미국 고등학교의 90% 이상이 AP 프로그램을 제공할 정도로 고등학교 과정의 정석처럼 여겨진다.[2] 나 역시 AP 프로그램을 수료하고 대학에 진학했기에 그렇게 알고 있었다.

2003년 NCA에서 첫 고교 졸업생을 배출했다.[3] 그런데 그 학생들에게 AP 과목을 가르치면서 개인적으로 다시 한번 주입식 교육의 한계에 대해 고민하게 되었다. 고민 끝에 AP 프로그램이지만 학생이 암기 자체보다 분석 능력과 해독 능력을 개발할 수 있게 커리큘럼을 짰다. 교사가 적절한 발문을 제시하면 학생이 스스로 생각을 끌어내는, 일명 소크라테스식 학습법이다. 다행히 소규모 학급이었기에 어느 정도 성과가 있었다. 하지만 암기 위주 공부 방식에 익숙한 아이들에게 질문을 유도하고

----

1   AP 프로그램이 'Capstone'이란 영역을 추가해 학생들에게 연구 논문 과제를 필수 조건으로 추가한 것은 긍정적으로 평가한다. 하지만 대부분의 과목이 여전히 암기 위주인 점은 부인하기 어렵다.

2   AP 프로그램을 주관하는 칼리지보드의 통계 참조 apcentral.collegeboard.org

3   NCA의 1회 졸업생 5명은 고맙게도 캘리포니아대학 데이비스(UC Davis), 캘리포니아대학 리버사이드(UC Riverside), 옥시덴털대학 등 미국 내 약 2,900개 4년제 대학 중 상위 3%에 속하는 대학에 진학했다. 개교 4년 만에 이룬 놀라운 성과에 학생들은 물론이고 교사들도 매우 기뻐했다.

정보를 분석하고 자신의 의견을 정리해 발표하도록 이끄는 과정은 녹록지 않았다. 시험에서 고득점을 받아 좋은 대학에 진학하는 게 우선순위인데, 왜 이렇게 어렵게 배워야 하느냐고 질문하는 학생도 있었다. 암기를 통해 높은 점수만 받아도 대학 진학은 가능하지만, 대학에서 제대로 공부할 수 있으려면 진짜 실력을 쌓아야 한다고 여러 차례 설명하고 설득해야 했다.

학생들의 입장을 이해 못하는 것은 아니었다. AP 과목을 이수한 학생은 학년 말 과목별로 약 3시간에 걸친 긴 시험을 봐서 대학에서 인정하는 점수를 따야 한다. 소크라테스식 방법으로 지도하더라도 학생들은 시험을 대비해 밤낮으로 암기에 시간을 투자할 수밖에 없었다.[4] 그럼에도 NCA에서는 아이들의 긴 인생에 도움이 되는, 자료를 분석하고 비판적으로 사고하는 훈련을 제공하고 싶었다. 시험만을 위한 암기는 진짜 공부를 시작할 때 아무런 디딤돌이 되지 못한다는 걸 내가 온몸으로 겪었기 때문이다. AP 프로그램을 소크라테스 학습법으로 가르치는 것만으로는 이 한계를 극복할 수 없었다. 이때부터 다른 고등학교 프로그램에 대해 다방면에 걸친 조사를 시작했다.

2000년대 중반 인터넷이 급속도로 보급되면서 방대한 양의 정보가

---

4   본교 학생 중 몇몇이 AP 시험을 위해 별도로 과외 수업을 받았는데, NCA로서는 민감하고 부담스러운 문제였다. 사교육 없이 공부할 수 있는 학교를 만드는 것이 NCA 설립 취지 중 하나였기 때문이다. 그럼에도 시험 앞에서 불안해하는 학생과 학부모의 선택을 무조건 막을 수만도 없었다.

물밀듯이 쏟아졌다. 궁금한 것을 입력하면 지구 반대편에 있는 정보도 손쉽게 찾을 수 있는 시대가 도래한 것이다. 이런 시대에 암기 위주 교육을 계속하는 것이 아이들을 제대로 교육하는 것인지 근본적 질문을 하게 되었다. 내 대답은 '그렇지 않다'였다. 이런 생각이 AP가 아닌 다른 프로그램을 더 적극적으로 찾게 만들었다.

구체적인 예를 들어보자. 역사 수업에서 미국 남북전쟁을 다룰 때, AP 프로그램의 교육 방식은 전쟁의 이름과 날짜, 노예제 찬성과 반대 주(州) 등을 암기하게 하고 이를 시험을 통해 확인한다. 하지만 구글이나 위키피디아 등을 통하면 몇 초 만에 미국 남북전쟁에 관해 백과사전보다 방대하고 정확한 정보와 내용을 찾을 수 있다. 더는 사실 정보를 외우는 것만으로 뛰어난 학생이라 할 수 없고, 그것이 교육의 목표가 될 수 없다는 뜻이다.

그렇다면 이렇게 방대한 정보가 유통되는 시대에 정말 필요한 교육은 어떤 것일까. 육하원칙을 넘어 미국 남북전쟁의 역사적 함의를 다양한 측면에서 살펴보는 것이다. 그 전쟁이 정말 노예 문제를 해결하기 위한 전쟁이었는지, 링컨 대통령의 동기는 무엇이었는지, 남북전쟁은 미국의 종교와 경제, 정치, 문화 등 다양한 영역에 어떤 영향을 끼쳤는지, 미국이 지금까지 겪고 있는 인종 문제와 어떤 관계가 있는지 등에 대해 접근하고 이해할 수 있어야 한다. 단순한 이해를 넘어 자료와 논리에 근거한 분석력을 갖추어 판단하고, 더 나아가 자신의 생각을 다듬고 표현할 수 있어야 한다. 어떤 것이 신뢰할 만한 정보인지를 판단하고 검증하는 능력을 기르는 것도 빼놓을 수 없다. 이러한 접근과 논의가 자연스러운 교육 시스템이 그 어느 때보다 절실했다.

2. IB와의 운명적 만남

간절히 바라고 찾으면 결국 만나게 된다는 말을 믿는가. 나는 믿는 쪽이다. NCA에서 AP를 대체할 수 있는, 단기적으로도 장기적으로도 학생에게 도움이 되는 프로그램을 찾기 위해 다방면으로 애쓰고 고민하던 중 IB를 만났기 때문이다.

2007년 WASC(Western Association of Schools and College)[5] 위원단의 학교 인준 방문팀 책임자로 활동하던 중 LA 통합교육구 내 한 프랑스계 학교를 방문하게 되었다. 본국에서 미국 지사로 파견된 프랑스인들의 자녀가 다니는 학교로, 주 언어를 프랑스어로 사용하는 곳이었다. 그런데 그 학교에서 내가 목격한 것이 정말 놀라웠다. 학생들은 복잡하고 무게 있는 주제를 제대로 분석하는 능력을 갖추고 있었다. 자신의 생각을 잘 정리해 교사와 동료 앞에서 설득력 있는 프레젠테이션을 진행했으며,

---

5　미국 내 6개 학교 인증기관 중 하나로 캘리포니아주와 미국식 교과과정을 운영하는 동아시아와 태평양 지역의 학교 인증을 담당한다. 이 인증은 해당 학교가 표준화된 교과과정을 운영한다는 의미다(IB 교육 용어 사전 참조). NCA는 2005년 4월 WASC 공식 학교로 인증을 받았다.

또 그 내용을 글로 명료하게 요약했다. 내가 대학 진학 후 2년 동안 그토록 힘들게 습득한 것을 이 아이들은 고등학교 2, 3학년 때 이미 훌륭하게 해내고 있었다. 그러니까 이 학생들은 미국의 명문 대학이 신입생에게 요구하는 학습 능력을 충분히 갖추고 있었던 것이다.

이 학교를 통해 국제 바칼로레아(International Baccalaureate, 이하 IB)를 접하고 그때부터 1년여간 방대한 양의 자료를 조사했다. 먼저 IB 교육을 시작한 학교들을 방문하고, IB 콘퍼런스에 참여해 프로그램을 구체적으로 살펴보았다. 다양한 학교의 IB 코디네이터, IB 교사들과 여러 차례 장시간에 걸쳐 대화를 나누며 그들의 체험을 공유했다. 조사하면 할수록 IB 교육은 NCA가 지향하는, 분석하고 논의하며 자신의 생각을 키우는 교육의 모범 사례라는 확신이 들었다.

NCA는 학생들의 대학 진학을 목표로 지도하는 진학계 학교(college preparatory school)이기에 학생들의 학업 과정뿐 아니라 대학 진학률도 중요한 성취 요소였다. 2003년 1회 졸업생부터 NCA 출신들은 대부분 미국 상위 3~5%에 속하는 명문 대학에 꾸준히 진학했다. 따라서 대학에서 IB 교육을 어떻게 바라보고 평가하는지도 중요했는데, IB 본부가 구체적으로 공개한 수치 데이터와 실제 대학에서 지원자들을 평가하는 입학사정 관계자들의 코멘트가 큰 도움이 되었다.

"IB 교육을 받은 학생들은 우리 학교를 위해 완벽하게 준비되어 있다. 학부 중심 대학인 우리 대학은 첫 두 학년 동안 글쓰기, 수학적 사고, 외국어 능력 등을 요구하는데, 이는 앞으로 학생들이 더 깊게 공부할 인문학, 사회학 및 실험 과학 교육에 필수적이기 때문이다. IB 졸업생이 다른 지원자와 뚜렷하게 다른 점은 다양한 목표를 달성할 수 있다는 것이다. 폭넓은 연구와 훈련을 거쳤기에 분석하고 연구하는 기술, 그리고 글쓰기 실력 등이 다른 학생들의 실력을 많이 상회하며, 또한 제한된 문화와 국가라는 틀에 갇히지 않고 국제적 시야를 갖고 있다."

–엘리자베스 버미(Elizabeth Vermey) 브린모어대학 입학사정관[6]

"IB에 도전한 학생의 성적 증명서는 지원자가 어려움을 피하기보다는 받아들이는 사람이라는 것을 알려준다. DP를 성공적으로 수료했다면 그렇지 않은 학생들보다 단연 유리한 입장이라 할 수 있다. 매년 다수의 DP 수료자들이 뛰어난 실력을 보여주었기에, IBDP 점수는 우리 대학의 입학 결정에 영향을 미친다."

–클리프 쇼그렌(Cliff Sjogren) 미시간대학 입학처장

"버지니아공대에 진학한 IB 학생들의 실력은 AP 과정을 수강한 학생을 포함한 다른 모든 신입생을 능가한다."

–유진 카슨(Eugene Carson) 버지니아공과대학 교수

----

6   각 대학 담당자들의 보직은 코멘트 당시의 보직으로 현재와는 차이가 있을 수 있다. www.ibo.org 참조

"IB 학생들과 타 프로그램을 통해 입학한 일반 학생들의 학업 성취도를 비교해보았다. 대학 1학년 과정을 마칠 때 IB 학생들이 일반 학생들의 평균 평점보다 12~13% 높은 것이 확인되었다. 또 우리 UBC가 IB 학점을 인정해 곧바로 2학년으로 들어간 IB 학생들이 일반 2학년생 평점 평균보다 7~12%가 높았다. 즉 IB 프로그램에서 우수한 성과를 거둔 학생은 대학에서 1년을 먼저 배운 일반 학생의 실력을 능가했다. UBC가 왜 IB 학생을 선호하는지에 대한 답이 될 것이다."

–마사 파이퍼(Martha Piper) 브리티시컬럼비아대학 총장

"IB 교육을 존경하지 않는 사람은 없다고 생각한다."

–파네사 오트(Panetha Ott) 브라운대학 입학사정관

"IB 교육은 친숙한 일류 프로그램으로, 학생들이 우리 학교 같은 대학에 잘 대비할 수 있도록 준비시킨다."

–프레드 하가든(Fred Hargadon) 프린스턴대학 입학사정관

"입학 심사에서 고등학교의 평점(GPA)은 IB의 디플로마 프로그램인 IBDP 점수만큼 중요한 요소가 아니다. 선택할 수 있다면 평점 유지보다 DP에 도전하길 권한다."

–매릴린 M. 루이스(Marilyn McGrath Lewis) 하버드대학 입학처장

그림 1은 2007년 미국 대학 입시 관련 자료다. 주요 10개 대학 모두 IBDP 수료자 합격률이 일반 지원자 합격률에 비해 높았는데, 최소 2.8%에서 많게는 33% 이상 높았다.[7] 그림 2는 2008~2014년 미국 IBDP 이수자의 대학 재학률과 졸업률을 미국 전체 학생 통계와 비교한 것이다. IBDP 과정에 도전한 학생(DP 수료자와 미수료자를 모두 포함해)이 대학을 포기하지 않고 계속 재학하는 비율은 1학년 98%, 2학년 96%다. 미국 전체 학생의 평균을 살펴보면 1학년 재학 비율(2학년 통계는 미발표)은 77%로 현저한 차이가 있다. 그뿐 아니라 IBDP 도전자가 4년 이내에 대학을 마치는 졸업률은 79%이다. 미국 전체 학생 평균 39%와 비교하면 매우 높은 수치다. DP 수료자로 한정하면 졸업률은 84%로 올라간다. 결과적으로 IB 교육을 받은 학생들이 입학률도 훨씬 높을 뿐 아니라 대학에서 전 과정을 성공적으로 마치는 비율도 높다는 뜻이다.

자료를 찾고 조사할수록 모든 지표가 IB 교육이라는 한 방향을 가리키고 있었다. 나는 IB를 도입하는 것이 NCA 학생 모두에게 더 좋은 교육을 제공할 수 있겠다는 확신을 갖고 시스템 전환에 돌입했다. 지금은 IB 교육의 가치와 특징이 제법 알려진 편이다. 하지만 15년 전만 해도 IB는 그야말로 이름도 낯선, 정체 모를 프로그램이었기에 내가 조사하고

---

7   추가로 2020년 조사에 따르면 IBDP 수료자가 학사를 취득하는 비율이 98%, 석박사 이상의 학위를 취득하는 비율은 81%다.

그림 1 _ 2007년 미국 대학 입시 관련 자료

대학	전체 합격률 (%)	IBDP 수료자 합격률 (%)	차이 (%)
컬럼비아	12	18.5	6.5
코넬	28.5	51	22.5
하버드	11	14.8	3.8
존스홉킨스	35	68.8	33.8
프린스턴	11	13.8	2.8
스탠퍼드	12.6	18.3	5.7
예일	13	18.9	6.9
UCLA	24	48.5	24.5
UC 버클리	24	50.6	26.6
UC 어바인	56	89.9	33.3

그림 2 _ 2008~2014년 미국 IBDP 도전자의 대학 재학률과 졸업률

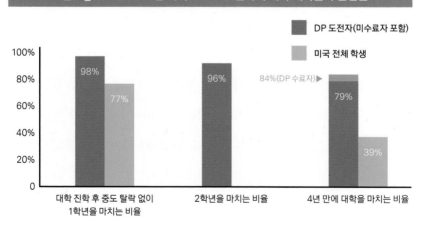

* 출처: www.ibo.org 홈페이지에서 발췌해 정리

확인한 것을 하나하나 설명하고 공유하고 설득하는 과정이 필요했다.

NCA는 규모는 작지만 교사들의 실력과 열정이 높고, 학교와 학부모 간 신뢰와 연대감이 강한 학교다. 그 덕에 1년여 만에 IB 체제로 전환할 수 있었다. 하지만 이 과정에서 전통적 AP 프로그램 커리큘럼을 포기하기 어려워하는 몇몇 교사와 학생은 NCA를 떠나는 것을 택했다. 어떤 교육 방식을 택하느냐는 옳고 그름의 문제가 아니기에 충분한 시간을 갖고 논의한 뒤 각자의 선택을 존중해야 한다고 생각한다.

3. 세계에서 통용되는 양질의 교육

IB 교육에 대한 정보는 IB를 운영하는 비영리 교육재단 IBO 홈페이지 (www.ibo.org)에 대부분 공개되어 있다. 하지만 정보가 워낙 방대하기에 IB 교육이 추구하는 심오한 철학적 지향점까지 단박에 이해하는 것은 사실 불가능에 가깝다. IB 교육을 도입해 15년째 직접 지도해온 나도 IB 의 장점을 매년 새롭게 배우고 있으니 말이다. 그래서 IB 교육을 설명할 때 나는 종종 양파 같다는 표현을 쓴다. 하나의 레이어를 들추면 다른 레이어가 나오고, 그 아래 또 다른 레이어가 나오는 양파처럼, 언뜻 단순해 보이는 IB 교육은 그 안에 놀라운 장점과 특징이 겹겹이 쌓여 있다.

국제 바칼로레아, 줄여서 IB라 부르는 이 교육 프로그램은 1968년 스위스 제네바의 한 비영리 교육재단에 의해 시작되었다. 이 프로그램이 만들어진 배경에는 스위스에 머물고 있는 외교관 자녀, 국제기구 직원 자녀 등 나라 간 이동이 잦은 아이들에게 보편적 교육이 필요하다는 요구가 있었다. 그 아이들이 어느 나라에서 배우든 문제없이 통용될 수 있는 질 좋은 교육, 상급학교로 진학하는 데 차별받지 않을 제도가 필요했다. 그러니까 IB 교육은 태생적으로 국가 간 교류나 이동이 잦아진 세계화 시대의 산물이다. 국가 간 연결이 가속화됨에 따라 모국이 아닌 나라에서 교육을 받아야 하는 아이들은 계속 늘어났고, 자연스럽게 IB 교육에 대한 수요도 증가했다.

다양한 국가에서 통용되는 질 좋은 교육이 생각의 출발점이므로 IB 교육은 서로를 배제하기보다 서로를 받아들이는 데에서 시작한다. 실제로 IB 교육의 특징 중 하나가 지역이나 국가를 초월하는 국제적 소양, 국제적 관점을 추구한다는 것이다. 자신이 속한 지역 사회를 깊이 존중하고 이해하는 동시에, 그것을 둘러싼 국제적이고 광범위한 세계를 연결해 생각하도록 학생들을 격려한다. 이는 IB 교육의 태생적 특징을 잘 담아낸 지점이자 국가와 국가, 문화와 문화 사이의 갈등이 심화되고 있는 지금 시대에 모두가 숙고해야 하는 관점이라고 생각한다.

IB 교육을 운영하는 주체는 앞서 말했듯 비영리 교육재단 IBO이다. 교육과정 개발부터 학생의 성적 평가, 교사 연수와 전문성 강화, IB 학교 인증 등 전반을 담당한다. IBO는 특정 국가에 속하지 않으며, 스위스 제네바에 있는 본부는 지식재산권과 재무 등 법적 부분을 총괄하고, 영국

카디프에 있는 글로벌 센터는 채점과 평가를 담당한다. 또 그림 3에서 보듯이 IBO는 세계를 3개 권역으로 구분하고 있다.[8] 싱가포르와 네덜란드 헤이그, 그리고 미국 워싱턴 D.C.에 각 권역별 글로벌 센터를 두고 권역 내 IB 인증 학교를 관리한다.

"학습자가 모국의 국경을 넘어 국제적 소양을 갖고, 인류의 일원으로서 지구의 자원을 관리하고 지키며, 더 평화롭고 나은 세상을 만드는 데 기여한다."

고상하고 이상적인 이 문장은 IBO가 공표한 IB 교육의 궁극적 목표이다. IB 교육은 개인의 의견 차이부터 국제적 분쟁까지 인간 사회의 모든 갈등이 개인의 편견과 집단 안의 편향, 역사적 관점의 차이 때문에 발생한다고 본다. 따라서 개인과 개인 간의 평화는 물론이고 인류의 평화로운 공존은 서로를 알아가는 과정을 통해 진정한 상호관계가 형성될 때 이뤄진다고 믿는다. 단순히 지식만 쌓는 게 아니라 타인과 더불어 살아가기 위해 필요한 배려와 이해, 원칙과 정직 등 보편적 윤리 위에 지식을 담는 것이다. 이런 관점을 익히고 훈련한 학습자들이 다음 세대에 영향

---

8 권역별 IB 학교의 비율은 북미 남미 권역이 가장 높고, 이어 유럽 아프리카 중동 권역, 아시아 태평양 권역 순이다. 그림 3 하단 참조

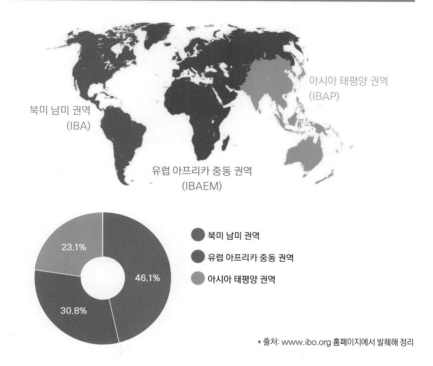

그림 3 _ IB 권역 지도와 권역 비율

아시아 태평양 권역
(IBAP)

북미 남미 권역
(IBA)

유럽 아프리카 중동 권역
(IBAEM)

● 북미 남미 권역

● 유럽 아프리카 중동 권역

● 아시아 태평양 권역

23.1%

46.1%

30.8%

* 출처: www.ibo.org 홈페이지에서 발췌해 정리

력을 발휘하면 보다 평화롭고 상호 존중하는 세상을 만들 수 있다고 바라본다.[9]

이 궁극적 지향을 위해 IB는 그림 4와 같은 학습자상을 제시한다. IB 학습자상은 IB 교육이 실제로 진행하는 과정인 동시에 IB 교육을 통해

---

9   IB 교육은 배우는 사람을 지칭할 때 일반적으로 사용하는 학생(student) 외에 학습자(learner), 청소년(youth) 등을 혼용해 사용하는데 이는 배우는 사람을 중심에 두는 보다 수평적 사고라고 생각한다.

그림 4 _ IB 교육의 10가지 학습자상	
탐구하는 사람	지식이 풍부한 사람
생각하는 사람	소통하는 사람
원칙을 지키는 사람	열린 마음을 가진 사람
배려하는 사람	도전하는 사람
균형 잡힌 사람	성찰하는 사람

* 출처: www.ibo.org 홈페이지에서 발췌해 정리

도달하려는 구체적인 지점이기도 하다. IBO는 프로그램을 제작한 초기부터 학습자가 도달할 지향점을 설정하는 데 공을 들여왔다. 학습자상 (Learner Profile)이라는 이름으로 명문화한 것은 2006년이지만, 이에 대한 논의는 훨씬 이전부터 활발했던 것으로 전해진다.

이렇게 10가지 학습자상의 표제어를 나열하면 그저 "좋은 말이구나" 정도로 넘어가게 된다. 하지만 IB 학습자상은 IB 교육의 철학과 목표를 잘 드러내는 일종의 바로미터와 같다. IB 교육이 학습자를 어느 방향으로 이끌고자 하는지 계속 가늠하고 확인하는 도구인 셈이다. IB 교육에 관심이 있다면 이 학습자상을 숙고하며 실제 수업과 학습, 아이들 일상의 다양한 영역에 대입해보기 바란다. 10가지 학습자상은 인류가 다음 세대를 교육하는 목적이 무엇인지 생각해보는 데 훌륭한 나침반이 되어줄 것이다.

4. IB 교육이 안내하는 학습자상 앞으로

10가지 학습자상은 생각보다 많은 곳에서 인용되는데, 그 본질에 대한 더 깊은 고민과 성찰이 필요하다고 생각한다. 따옴표 안에 넣은 각 표제어의 첫 단락은 IBO 공식 설명의 요약이고, 그 뒤는 15년 동안 숱한 시행착오를 겪으며 다가간 내 생각을 덧붙인 것이다.

1) 탐구하는 사람(Inquirer)

"학습자는 호기심을 키워 탐구하고 연구하는 능력을 향상시킨다. 학습자는 독립적으로 또 다른 사람과 함께 배우는 법을 익힌다. 학습자는 열정을 가지고 배움에 임하며, 학습에 대한 열의를 평생 가져간다."

수업에서 수동적으로 교사의 지시만 기다리거나 암기 위주로 학습하고 넘어가려는 학생을 탐구자로 보기는 어렵다. IB 교육이 지향하는 탐구자는 호기심과 배움에 대한 열정을 소유한 사람이다. 어떤 주제나 대상에 대해 궁금함을 갖고, 더 자세하고 더 깊게 이해하기 위해 질문하고 연구하는 사람이다. 권위 있는 누군가가 말한 것, 쉽게 유통되는 정보를 검증이나 숙고 없이 사실로 여기는 현대의 흐름과는 사뭇 상반되는 자세라 할 수 있다.

탐구하는 사람에게는 자신의 주변 환경에 대해 충분히 이해하려는 진지한 의지가 있다. 주어진 과제만이 아니라 연관된 주제나 사람, 배경 등을 더 깊이 알기 위해 질문하고, 정보와 지식, 나아가 통찰력을 얻기 위해 적극적으로 노력한다. 이 과정에서 자료를 꼼꼼히 분석하고, 자료의 타당성과 신뢰도를 객관적으로 평가한다. 책과 기사, 인터넷 자료 등을 포함한 다양한 출처의 자료를 찾고 평가할 수 있는 연구 능력을 개발한다. 나아가 다양한 관점을 고려하고 폭넓은 조사를 수반한 다음에 결론을 내리려고 애쓴다. 피상적인 지식에 안주하기보다 근본적인 개념과 원칙에 대한 이해를 추구한다. 이런 자세를 갖춘 탐구자는 성인이 된 후에도 평생 학습자(lifelong learner)로 살아갈 수 있다.

2) 지식이 풍부한 사람(Knowledgeable)

"학습자는 개념적 이해를 통한 지적 성장을 지향하며, 다양한 학문 분야의 지식을 탐구해 심층적 지식을 습득한다. 학습자는 지역적이고 세계적인 이슈와 의견에 관심을 기울인다."

모든 지식은 개념이나 단어의 정의로 시작된다. 단어 하나하나의 구체적인 뜻, 개념에 대한 명확한 정의가 있어야 그다음 단계로 넘어갈 수 있다. 개념에 대한 이해 부족이나 부정확한 지식 때문에 발생하는 문제는 단지 개인의 문제에 그치지 않고, 조직 내 갈등이나 국가 차원의 충돌로 이어지기도 한다. 그런 이유로 IB 교육은 단어나 개념의 정확한 이해에서 시작하며, 논리적이며 투명하고 편견이 섞이지 않은 지식을 갖도록 학습자를 훈련시킨다.

지식을 추구하는 학습자는 단순히 사실과 수치를 따지는 데 그치지 않고, 지속적인 정보 조사와 연구, 분석적 사고를 통해 주제에 대한 깊은 이해를 갖기 위해 노력한다. 정보는 학교나 정규 프로그램만을 통해 얻는 것이 아니므로 정보와 지식을 넓힐 기회를 적극적으로 모색한다. 학습자의 탐구가 보다 다양한 분야의 지식과 연결될 때, 학습자는 논리 안에서 지식을 갖춘 사람이 될 것이다.

3) 생각하는 사람(Thinkers)

"학습자는 비판적이고 창의적인 사고력으로 복잡한 문제를 인식하고 분석하며 책임 있게 결정하고 행동한다. 학습자는 합리적이고 윤리적인 의사 결정을 내리는 데 주도성을 발휘한다."

여기서 말하는 비판적 사고(critical thinking)는 명확한 기준을 적용해 냉정하고 구체적으로 평가하는 것이다. 그런 평가는 학습자가 시간과 에너지를 쏟아 정보와 자료를 충분히 검토한 이후라야 가능하다. 그런 까닭에 IB 교육은 학습자가 시간을 내어 깊이 생각하고 모든 사항을 따져 보는 사람이 되도록 가르친다. 무언가에 오래 집중하는 것을 어려워하는 시대에 시간을 내어 깊이 생각하게 하는 훈련은 의미가 크다.

생각하는 사람은 또한 표면적 이해와 암기를 넘어 자료를 분석하고 평가해 종합적인 인식을 도출할 줄 안다. 개념을 더 깊이 이해하기 위해 논리와 추론, 창의성을 적용한다. 이를 통해 복잡한 정보를 분해하고, 문제의 근원을 찾아내고, 패턴을 식별하고, 요소들 사이의 관계를 이해하는 분석력을 키운다. 또한 자신의 생각을 점검하는 메타 인지로 자신의 신념과 가정에 늘 의문을 제기할 줄 안다.

4) 소통하는 사람(Communicators)

"학습자는 하나 이상의 언어와 다양한 소통 방법으로 창의적이고 자신 있게 스스로를 표현한다. 학습자는 다른 개인이나 다른 집단의 의견을 경청하며 효과적으로 협력할 줄 안다."

커뮤니케이션의 문제는 대개 자신의 생각과 입장만 전달하는 데서 발생한다. 일방적인 전달은 엄밀히 말해 소통이라 할 수 없다. 커뮤니케이션의 목적은 명확한 상호 이해이며, 해당 사안에 관계된 모두가 받아들일 만한 전략을 찾는 것이다. 그래서 IB 교육은 학습자가 먼저 타인에게 귀를 기울이고, 타인을 이해하는 법을 배우도록 안내한다. 타인의 관점에 정중하게 귀를 기울여야 그 입장과 내용을 제대로 이해할 수 있으며, 또 그에 대한 자신의 생각과 입장을 세우고 전달할 수 있다.

자신의 의견이나 입장을 전달할 때도 듣는 이가 이해하고 공감할 수 있게 다양한 방법을 사용하도록 안내한다. 확신을 갖고 의사를 전달하되, 무례한 태도나 일방적 커뮤니케이션이 되지 않도록 연습하고 훈련한다. 생각과 메시지를 논리적으로 명확히 정리해 간결하고 조리 있게 전달한다. 언어적 요소 외에 비언어적 요소도 크게 작용하므로 보디랭귀지,

표정, 목소리 톤 등 비언어적 신호에도 주의를 기울인다. 피드백을 성장을 위한 중요한 도구로 생각해 자신의 소통 습관에 대한 비판을 기꺼이 받아들이고 이를 개선하기 위해 노력한다.

5) 원칙을 지키는 사람(Principled)

"학습자는 공정과 정의의 토대 위에서 모든 인간의 존엄성과 권리를 존중하며, 성실하고 정직하게 행동한다. 학습자는 우리 자신의 행동과 그 결과에 따른 책임을 진다."

원칙을 지키고 존중하는 학습자는 학업뿐 아니라 삶의 모든 영역에 도덕적 나침반을 적용해 신념에 맞게 결정하고 행동한다. 지식을 추구할 때 정직과 공정성, 윤리를 늘 염두에 둔다. 표절을 단호히 경계하고 인용과 출처를 밝히며, 학문적 정직성의 규칙을 따른다.

원칙을 지키는 학습자는 자신의 학습 과정과 그 결과물에 대한 자부심과 주인 의식을 갖는다. 이들은 정보를 찾고, 질문하며 그 질문을 해결하는 학습 과정에 적극적으로 참여한다. 자신의 선택과 노력이 학습 성과에 직접적인 영향을 미친다는 것을 이해하고 자신의 행동에 책임을 진다. 실수를 발견하면 그것을 인정하고 성찰을 통해 개선점을 찾는다. 자신의 이해가 완벽하지 않음을 늘 염두에 두고 결과물을 계속 다듬어 진실에 접근해간다. 원리 원칙에 따라 정직하게 행동하며, 정의와 공정을 기반으로 자신과 타인의 존엄과 권리를 존중한다.

6) 열린 마음을 가진 사람(Open-minded)

"학습자는 비판적 사고를 통해 자신이 속한 집단의 고유한 문화와 역사를 바라보고, 동시에 타인의 가치관과 전통을 수용한다. 학습자는 다양한 관점에서 바라보고 평가하며, 경험을 통해 성장한다."

열린 마음을 가진 사람은 편견이나 선입견 없이 새로운 아이디어와 관점, 정보를 받아들이고 알아가려는 사람이다. 그래서 자신의 신념이나 추정에 이의를 제기하는 의견을 회피하거나 무시하지 않는다. 호기심과 유연성을 바탕으로 다양성을 수용하고, 다른 경험과 문화를 바탕으로 도출한 타인의 의견에 열린 자세를 보인다.

열린 마음의 학습자는 증거나 자료를 신중히 분석하고 평가하며, 자신의 추정과 반대 의견에 구체적으로 질문하는 비판적 사고력을 갖고 있다. 동시에 현재 자신이 소유한 이해와 지식이 절대적이거나 완전하지 않다는 사실을 인정한다. 다른 관점과 의견, 사실이 있을 수 있음을 인지하고, 새로운 정보에 비추어 자신의 생각과 의견을 조정하려는 의지를 갖고 변화를 시도한다. 배움은 평생에 걸친 과정이며 배울 것은 항상 존재하기에, 끊임없이 변화하는 세상을 탐색하고 이해하려 노력한다.

7) 배려하는 사람(Caring)

"학습자는 다른 사람의 필요와 감정에 대해 공감과 연민, 존중을 보여준다. 학습자는 헌신적으로 봉사하며 타인의 삶과 지역 사회에 긍정적인 변화를 도모한다."

배려하는 사람은 타인의 감정을 이해하고, 의견과 경험을 존중하고, 그들의 상황과 입장에 서보려고 노력한다. 자신의 생각과 입장을 주장하고 전달하기 전에 타인의 생각과 관점을 이해해보려 하고, 반대 의견이나 입장이 이어지더라도 귀를 기울이고 건설적인 대화를 시도한다. 지식이란 한 개인의 소유물이 될 수 없고 공동체의 발전과 이익을 위한 도구임을 이해한다.

배려하는 학습자는 타인에 대해 관심과 공감하는 마음을 갖고 배우고 행동한다. 이들은 다른 학습자와 교사의 필요를 고려하며, 이해하려는 마음을 갖고 친절하게 발언하며 행동한다. 격려와 협력을 통해 함께하는 모든 사람이 소외되지 않게 한다. 그러한 유익한 관계를 통해 학습 공동체의 긍정적 환경을 만드는 데 기여한다. 또 타인과 자신의 삶과 주변에 긍정적인 변화를 주기 위해 고민하고 행동한다. 공동체에 좋은 영향을 주는 것의 가치를 알고 참여를 통해 책임감 있는 세계 시민이 되기 위해 노력한다.

8) 도전하는 사람(Risk-taking)

"학습자는 신중하게 계획한 다음 의사 결정을 내려 불확실성에 도전한다. 독립적으로 또 함께 협력해 새로운 아이디어와 혁신적 전략을 모색한다. 도전과 변화를 회피하지 않고 슬기롭게 직면한다."

도전하는 사람이란 무작정 문제에 달려드는 사람을 뜻하지 않는다. 그보다는 위험을 분석하고 충분히 생각한 뒤 결단력을 가지고 문제에 접근하는 사람이다. 학습을 비롯해 개인적 성장을 추구하는 모든 과정에는 필연적으로 위험이나 난관이 따른다. 따라서 타당성을 따져보고 치밀하게 계산해 전략적으로 위험을 헤치고 나가야 한다. 그런 전략 위에서 낯선 영역을 탐색하고, 다른 방식을 모색하며, 지식과 기술의 경계를 넓히기 위해 노력하는 것이다.

피아제(Jean Piaget)의 인지발달 개념으로 설명하자면 모든 배움은 동화(assimilation)와 조절(accommodation)의 단계를 거쳐 새로운 지식이나 상황에 적응해가는 것이다. 이러한 도전자는 지금의 실패가 최종 결과가 아니라 성공에 도달하는 과정에 놓여 있는 디딤돌임을 인지한다. 이처럼 도전하는 학습자는 익숙하거나 안전한 영역 내에 머무는 데 만족하지 않고, 자신의 한계를 넘어서는 도전에 적극적으로 응하는 사람이다.

9) 균형 잡힌 사람(Balanced)

"학습자는 자신과 타인의 행복을 위해 삶의 지적, 신체적, 정서적 균형이 중요하다는 사실을 이해한다. 학습자는 타인은 물론 우리가 살아가는 세상과도 상호 의존함을 인지한다."

IB 교육은 학습자가 공부에 접근할 때 단순히 성적에 목매지 않고, 포괄적 배움과 성장에 초점을 두도록 안내하고 지지한다. 또 한 분야의 지식에만 갇히지 않고 다양한 분야에 걸쳐 지적 성장을 추구하도록 격려한다. 특정 분야의 공부벌레가 아니라 다양한 분야에 깊이 있는 관심을 갖고 다채로운 상황에서 타인과 대화하고 소통이 가능한 사람으로 성장하도록 돕는다. 다시 말해, 전문 직업인인 동시에 좋은 친구, 좋은 자녀, 좋은 이웃, 사회의 좋은 일원이 되도록 균형을 잡게 한다.

균형 잡힌 학습자는 나아가 삶을 이루는 여러 요소의 균형을 잡는 것이 자신과 타인의 행복을 위해 얼마나 중요한지 이해한다. 규칙적인 운동과 충분한 휴식, 그리고 질 좋은 음식을 섭취해 신체 및 정신 건강을 잘 유지한다. 건강한 몸은 전반적인 웰빙을 지원하고 학습할 수 있는 인지 능력을 향상시킨다는 것을 잊지 않는다. 또 자신과 타인의 감정을 인식하고 이해하기 위해 공감 능력, 자아 인식 능력, 효과적인 의사소통 능력을 개발해 타인과 건강한 관계를 맺는다.

10) 성찰하는 사람(Reflective)

"학습자는 자신의 생각과 경험, 그리고 세계에 대해 깊이 성찰한다. 학습자는 개인의 학습과 성장에 도움이 되도록 우리 자신의 강점과 약점을 이해하려고 노력한다."

자신을 돌아보고 성찰하는 습관은 사춘기를 통과하고 있는 청소년에게 기대하기 어려운 주문처럼 보인다. 하지만 이 역시 교육과 훈련을 통해 학습자의 자세로 다듬어갈 수 있다. 모든 것이 아찔하리만큼 빠른 속도로 흘러가는 디지털 시대에 디지털 네이티브(digital native) 세대는 이전 세대에 비해 무언가에 오래 집중하는 것을 어려워한다. 그러므로 스스로의 판단과 생각을 돌아보고 성찰하는 훈련이 꼭 필요하다.

성찰하는 학습자는 자신의 장단점과 학습 선호 방법을 파악하고, 목표와 동기에 대한 명확한 이해를 갖고 학습에 임한다. 성찰적 학습 접근법을 통해 학습자는 배우는 과정에 대한 이해를 심화하고 문제 해결 능력을 향상하며, 자기 주도적 학습자로 성장할 수 있다. 지식 습득과 실제 적용 사이의 격차를 줄이며 의미 있는 학습 결과를 끌어낸다.

지금까지 IB 교육의 10가지 학습자상에 대해 알아보았다. 10가지 학습자상은 동떨어진 내용이 아니므로 서로 연결되고 때로 중복되기도 한다. 종합해보면 IB 교육의 지향점은 세계화와 탈세계화가 공존하는 시대에, 다른 문화를 이해하고 존중하며 더 나은 세상을 만드는 데 기여할 수 있는, 탐구적이고 배려할 줄 아는 사람을 기르는 것이다. 이를 두고 지나치게 이상적(idealistic)이라고 평가하기도 한다. 하지만 교육은 본래 이상을 추구하는 것이 아닌가. 모든 IB 학습자가 이런 이상향에 도달한다고 단언할 수는 없지만, 이런 이상을 추구하며 나아갈 때 더 나은 학습자, 이상에 한 발 더 다가간 사람을 배출할 수 있다고 믿는다. 이 지향점 아래 2023년 10월 현재, 전 세계 159개 나라 5,700여 개 학교에서 IB 프로그램을 운영하고 있다.

5. 연령과 목적에 맞게 설계한 4개의 프로그램

IB 교육이라고 하면 대개 대학 진학을 희망하는 고등학생을 위한 프로그램(DP)만 떠올리지만, IB 교육에는 학습자의 연령과 목적에 따라 총 4개의 프로그램이 있다. 유치원과 초등학교 과정에 해당하는 PYP(Primary Years Programme), 중학교 과정에 해당하는 MYP(Middle Years Programme), 그리고 고등학교 과정에 해당하는 DP(Diploma Programme)와 CP(Career-related Programme)가 그것이다.

다음 페이지에 나오는 그림 5를 보면 보다 일목요연하게 IB 교육의 역사와 종류를 이해할 수 있을 것이다. 1968년 10월 스위스 제네바에서 현재 DP 과정에 해당하는 단일 과정으로 시작된 IB 교육은 현재 4개 프로그램을 운영하고 있다. 이들 4개 프로그램을 IB 연속체(IB continuum)라고 표현하기도 한다. 시작 당시에는 공식 언어가 영어와 프랑스어로 한정되었으나 1983년에 스페인어가 추가되었고, 이후 독일어와 일본어, 그리고 한국어 등 특수한 경우 국가별 이중 언어를 인정하고 있다.

핵심이 되는 DP에 대해 설명하기 전에 먼저 다른 3개 프로그램을 간략하게 살펴보자. 보다 어린 학습자를 위한 IB 수업에 대한 요구가 꾸준히 이어짐에 따라 IBO는 1994년에 MYP를, 1997년에 PYP를 시작했다. 이는 단지 다양한 국가에서 학력을 인정받을 수 있는 교육에 대한 수요가 증가했다는 것을 넘어선다. 세계 곳곳에서 지식과 인격, 실천력이

그림 5 _ IB 교육 타임라인

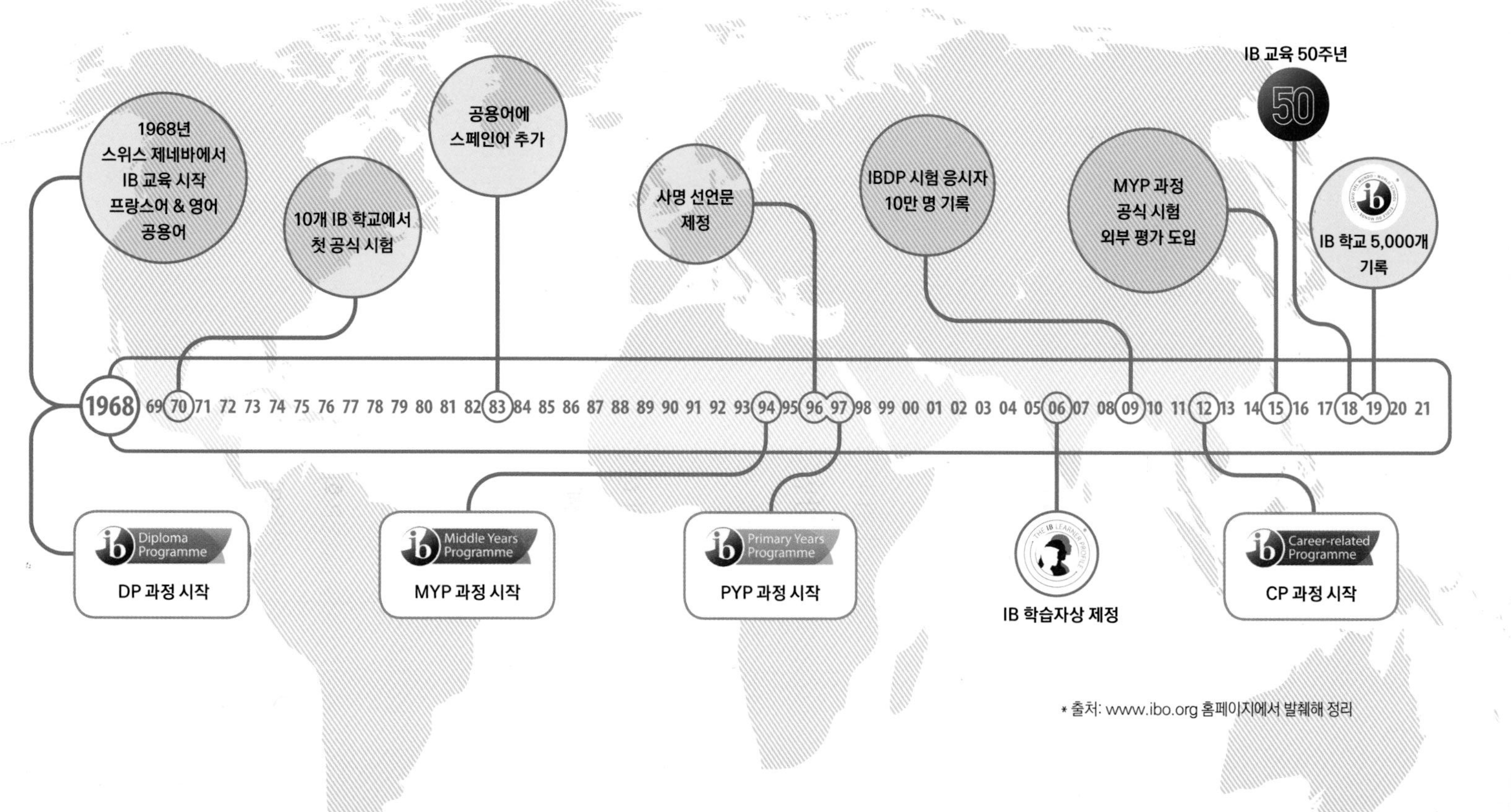

IB 교육 50주년

50

IB 학교 5,000개 기록

21 20 19 18 17 16 **15 14** 13 **12** 11 10 **09 08** 07 **06 05** 04 03 02 01 00 99 98 **97 96 95 94 93** 92 91 90 89 88 87 86 85 84 **83 82** 81 80 79 78 77 76 75 74 73 72 **71 70** 69

CP 과정 시작

Career-related Programme

MYP 과정 공식 시험 외부 평가 도입

IBDP 시험 응시자 10만 명 기록

IB 학습자상 제정

사명 선언문 제정

Primary Years Programme

PYP 과정 시작

공용어에 스페인어 추가

Middle Years Programme

MYP 과정 시작

10개 IB 학교에서 첫 공식시험

1968년 스위스 제네바에서 IB 교육 시작 프랑스어 & 영어 공용어

Diploma Programme

DP 과정 시작

1968

* 출처: www.ibo.org 홈페이지에서 발췌해 정리

조화를 이룬 인재를 키우려는 IB의 교육 철학에 더 많은 이들이 호응했다는 뜻이다. 교수요목 등 지침이 명확한 DP와 달리 MYP와 PYP는 프레임워크(framework)라 부르는 큰 틀을 제시하고, 구체적 각론은 지역과 학습자, 현장에 맞춰 다양하게 변주가 가능하다.

한국의 유치원과 초등학교에 해당하는 PYP는 학습자가 경험을 통해 지식을 받아들이고 이해한다고 바라본다. 교사는 학습자가 기존에 알고 있던 것과 새롭게 알게 된 것을 연결할 수 있는 경험을 제공한다. 국제적 소양과 IB 학습자상은 PYP에서도 주요 구성 요소이며, 과목 경계를 초월한 6개 주제가 이 과정의 핵심이다. 학습자는 '우리는 누구인가', '우리 자신을 조직하는 방법', '세계가 돌아가는 방식' 등 6개의 큰 주제 아래서 놀이하며 탐구한다. 학습을 위해 구조화된 환경에서 탐구하는 것을 기본으로, 적극적인 참여와 도전적인 학습을 시도한다.

한국의 중학교에 해당하는 MYP는 국제적 소양과 IB 학습자상 위에서 개념에 대한 이해를 중심으로 학습한다. 8개 교과를 통해 학습한 지식과 실제 세계를 연결하는 훈련을 진행한다. 그중 디자인 교과는 문제 해결의 맥락에서 지식에 접근하는데, 다양한 문제 상황에서 가장 좋은 해결책을 찾아내고 이를 실제에 적용하는 시도를 하는 독특하고 흥미로운 교과이다. MYP 학습자는 또한 '정체성과 관계성', '시간과 공간의 방향성', '과학과 기술의 혁신', '세계화와 지속 가능성' 등 과목을 넘나드는 주제를 깊게 탐구한다. 전체 과정은 5년이지만 국가와 학교의 상황에 맞취 축약해 진행할 수 있다. IBO는 어린 학습자가 모국어로 배울 때 가장 효과적인 학습이 가능하다고 본다. 그래서 영어, 프랑스어 등 공용어가 제한된 고교 과정과 달리 MYP, PYP는 각국의 언어로 수업할 수 있다.

CP는 고교생을 위한 직업 연계 과정으로, IB의 4개 프로그램 중 가장 늦은 2012년에 시작됐다. 4년제 대학, 그중에서도 소위 상위권 대학 진학을 위한 고교 과정 외에 질 높은 고교 교육과 직업 능력 개발의 연계가 필요하다는 문제의식에서 출발했다. 좋은 기회를 대학에서만 얻던 시대는 지났다. 실제로 미국에서는 최근 10년 사이 4년제 대학 진학률이 꾸준하게, 코로나19 이후에는 더 가파르게 하락하고 있다.

CP 학습자는 DP 과정의 과목 그룹에서 최소 2과목 이상을 이수하고, 4가지 CP 핵심영역과 직업 관련 수업을 이수해야 한다. CP 핵심영역 4가지는 자기 개발 능력 및 전문 기술, 언어 개발, 봉사학습, 성찰 프로젝트이다. 또 학습자 개인의 흥미와 관심 분야에 따라 실습, 수습 등을 통해 직업 능력을 개발한다.

그리고 IB 프로그램 중 가장 큰 비중을 차지하는 DP가 있다. DP는 대학 입시를 준비하는 고등학생을 위한 2년 과정으로, 미국의 11, 12학년(한국의 고교 2, 3학년)이 대상이다. 다양한 국가의 대학이 기대하고 요구하는 조건을 충족시켜온 프로그램답게 DP가 요구하는 수료 기준은 수준이 상당히 높고 엄격하다. 동시에 50년 이상 다양한 국가에서 실행하며 다듬어온 프로그램답게 방향과 수업에 대한 안내가 구체적이고, 개별 학습자에 맞는 학습법을 제공하는 노하우가 축적되어 있다. 2년 동안 정해진 과정을 모두 이수하고, 일정 점수 이상의 성적을 거두면 IBDP 수료 자격을 취득할 수 있다. 이때 DP 수료와 고교 졸업 자격은 별개의 요건이다. 특정 과목 점수 미달 등으로 DP 수료 기준을 충족하지 못하더라도 고교 졸업 자격이나 대학 지원 자격에는 문제가 없다. 다만 추가 점수 등 DP 수료자의 혜택은 받을 수 없다.[10]

DP는 크게 학습영역과 핵심영역으로 나뉜다. 먼저 학습영역에는 다양한 교과목이 6개 그룹으로 분류되어 있는데, 학습자는 적성과 흥미에 따라 각 그룹에서 하나씩 6과목을 선택해 이수한다. 대부분의 과목은 수업 난이도가 표준 수준과 고급 수준 두 단계로 나뉜다. DP 수료를 위해서는 3과목(4과목까지 선택 가능)을 고급 수준으로 이수해야 한다. 학습자는 6과목을 이수하는 내내 토론과 협력 프로젝트, 에세이, 프레젠테이션 등 다양한 방법과 형태로 성취를 평가받는다. 정해진 시간(표준 수준 150시간, 고급 수준 240시간)을 이수하면 각 과목별로 IBO가 주관하는 최종 시험을 치른다. IB 시험의 특징을 한 단어로 설명하자면 서술(敍述)이다. 문제에 대한 자신의 생각이나 주장을 논리적 근거와 합리적 추론을 통해 한 편의 글로 완성해야 하는 것이다.

----

10 공식 DP 과정은 2년이지만, 바로 DP에 도전하는 것은 퍽 어려우므로 대개 2년의 DP 준비 과정을 거친다. 미국은 대부분 고등학교가 4년 과정이므로 DP 준비 과정 2년, DP 과정 2년으로 진행하는 경우가 많다.

DP 과정의 다른 한 축인 핵심영역은 지식이론, 소논문, 창의·활동·봉사 3가지 요소로 구성되어 있다. 지식이론(TOK: Theory of Knowledge)은 학습자가 '우리는 안다는 것을 어떻게 알게 되는가'와 같은 근본적인 질문에 대답을 시도하며 자신의 관점과 추측, 가설을 탐구하는 일련의 과정이다. 나를 포함해 과거의 주입식 교육을 받은 성인 대부분이 고등학교에서 경험하지 못한 과정이다. 철학적 학습이지만 단지 철학에 갇혀 있지 않고, 연구 방법론과 과학적 검증, 비판적 사고 등을 총체적으로 다루고 훈련한다. 2년 동안 100시간 이상의 수업을 통해 학습자가 비판적 사고 과정을 거쳐 지식의 본질로 다가가도록 안내하고 촉진한다. 개별 학교에 따라 수업 방식은 다양하게 변주될 수 있어서 지식이론 토론을 개별 수업으로 진행할 수도, 다른 과목과 통합할 수도 있다. 제출 마감 수개월 전에 시험 문제가 미리 공개되고, 학습자는 여러 차례 토론을 거쳐 완성한 1,600단어(영어 기준) 분량의 에세이를 제출하게 된다.

소논문(EE: Extended Essay)은 이름 그대로 제법 긴 에세이, 즉 논문을 쓰는 것이다. 일면 지식이론과 비슷해 보이지만 학습자가 스스로 자신의 연구 주제를 정하고 글의 형식이 보다 논문에 가깝다는 면에서 차이가 있다. 학습자 개개인이 관심 있고 궁금한 분야를 정하고, 구체적인 주제와 문제를 설정하고 답을 얻기까지의 과정을 3,500~4,000단어(영어 기준)로 작성한다. 소논문 쓰기는 학습자가 연구 주제 설정부터 연구 방법 설정, 논리 전개, 결론 도출까지의 전 과정을 스스로 경험해보는 데 의미가 있다.

창의·활동·봉사는 영문 머리글자를 따서 CAS(Creativity, Action, Service)라고도 부른다. CAS는 학습자가 창의력을 발휘해 다양한 활동을 구상하고 실천하는 것을 평가한다. 학습자의 개인적, 사회적, 윤리적 기능을 개발하는 데 방점을 두고, 학교 울타리를 벗어나 지역 사회의 다양한 활동에 참여하도록 장려한다. 학습자는 관심 있는 분야에서 자신이 기대하는 목표를 설정하고 활동을 구상해 실천한 다음, 그것을 통해 느끼고 배운 바를 기록해 제출하면 된다. 기록에는 구체적인 경험이 학습자 자신의 성장과 발전에 어떻게 기여했는지가 포함되어야 한다. 수업 시간은 학교 재량에 맡기는데, 보통은 150시간을 최소 기준으로 삼는다.

지금까지 IBDP에 대해 아주 기본적인 요소와 진행 과정에 대해 설명했다. IB 교육에 대해 구체적 정보가 없었던 독자라면 여기까지만 읽고도 IB가 만만찮은 과정이라는 생각을 할 것이다. 그럼에도 그런 마음이 들지 않는가. 어렵겠지만 정말 제대로 공부하겠구나, 정답을 달달 외우는 것과는 질적으로 다른 공부겠구나 하는 기대감 말이다. 15년째 IBDP를 지도해온 교사이자 학교 책임자로서 밝히자면 그 기대는 눈앞에 현실로 나타난다. 바로 그 기대와 가치 때문에 세계 여러 국가의 학교들이 다양한 장애물을 넘어 반세기 넘도록 IB 교육을 진행하며 다음 세대 리더들을 키우고 있다. 이제 다음 장에서 NCA에서 실제로 운영하고 있는 IB 수업 현장을 보다 상세하게 공개하도록 하겠다.

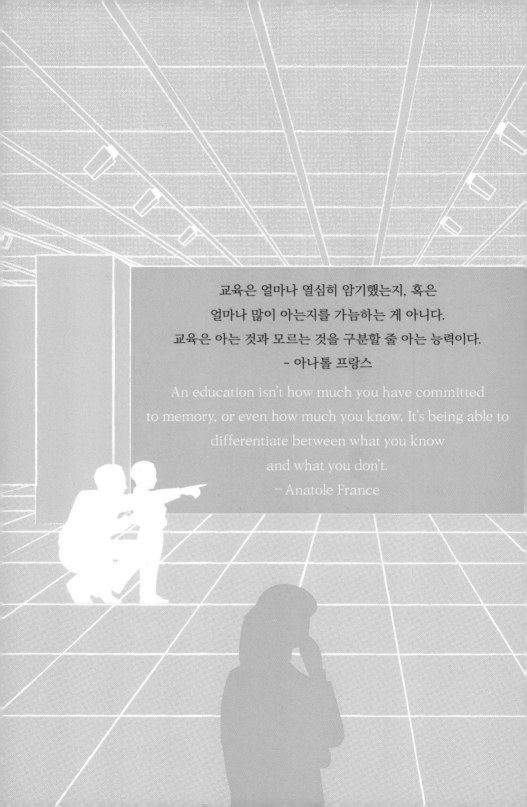

교육은 얼마나 열심히 암기했는지, 혹은
얼마나 많이 아는지를 가늠하는 게 아니다.
교육은 아는 것과 모르는 것을 구분할 줄 아는 능력이다.
- 아나톨 프랑스

An education isn't how much you have committed
to memory, or even how much you know. It's being able to
differentiate between what you know
and what you don't.
– Anatole France

Part 3

전격 공개,
NCA의 IB 수업 현장

★ 영어로 진행된 수업을 저자가 한국어
스크립트로 옮긴 것이다. 실제 수업을 최
대한 그대로 가져오기 위해 개념어나 학
습 도구어는 영어 단어를 함께 적었다.

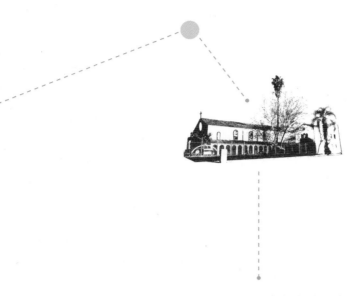

구글에서 한국어로 'IB 교육'을 검색하면 엄청난 분량의 정보를 찾을 수 있다. 뉴스부터 개인 미디어까지 그 출처도 다양하다. IB 교육의 특징과 장점, IB 학교 인증 과정도 쉽게 찾을 수 있는데, 정작 IB 교육 수업 현장은 찾아보기 어렵다. 수업을 다룬 영상이 없지는 않지만 수업의 한 토막만 보여줄 뿐이고, 이조차 IB 시험을 위한 학원 광고가 대부분이다.

그래서 공개한다. 여기 NCA의 IB 수업 한 차시를 통째로 가져왔다. 담당 교사와 학생들의 동의를 얻어 수업을 녹음하고, 이를 그대로 스크립트로 옮겼다. DP 과정에서 두 과목, MYP 과정에서 두 과목이다. 각 수업 뒤에는 해당 수업을 위한 교안도 함께 수록했다. IB 교사들이 수업을 위해 무엇을 연구하고 준비하는지, 또 IB 학생들이 수업에 어떻게 참여하고 내재화하는지 생생하게 살펴볼 수 있을 것이다.

1. 에픽 랩 배틀(Epic Rap Battle)[1]

교사: 여러분, 교과서를 꺼내세요. 파란색 프린트는 아직 읽지 말고 기
다리세요.

(교사가 돌아다니면서 학생마다 프린트를 나눠준다. 학생들은 책, 필기도구
를 꺼낸다.)

교사: 지난주에 우리 4챕터를 마쳤죠. 냉전에 관한 학습을 마쳤다
는 뜻이에요. 냉전이 IB 몇 번째 페이퍼의 어떤 토픽인지 기억하
나요?

학생 1: 두 번째 페이퍼죠?

교사: 맞아요. 그럼 IB에서 요구하는 페이퍼는 총 몇 개죠?

학생 2: 3개입니다.

교사: 그렇습니다. 자, 페이퍼 1은 '세계 전쟁과 과정'이고, 페이퍼 2는
'20세기 전쟁 및 냉전의 원인과 결과'입니다. 다시 말해 페이퍼 2
에는 1과 2의 토픽을 모두 다뤄야 합니다. 그럼 오늘부터 우리가
약 2주 동안 진행할 프로젝트에 대해 설명하겠습니다. 프로젝트
이름은 '에픽 랩 배틀: 냉전 에디션'입니다.

(학생들이 어리둥절하지만 흥미를 보인다.)

----

1   12학년 역사 과목으로 담당 교사는 로런 부파노(Lauren Bufano)다.

교사: 페이퍼 2에는 다른 대륙의 두 냉전 지도자를 비교하라는 과제를 낼 겁니다. 다른 대륙의 리더라는 것은 그러니까, 만약 여러분이 미국의 닉슨 대통령을 선택한다면 또 다른 미국 대통령 레이건을 선택할 수는 없다는 걸 의미합니다. 이해하죠? 우리는 입장이 다른 리더들을 충분히 조사한 뒤 그 사람의 정책이나 생각을 랩으로 만들어 '배틀'을 하는 겁니다.

(학생들이 킥킥거린다.)

자, 구체적으로 설명하겠지만 이 프로젝트는 모의고사와 기말고사뿐만 아니라 IB 최종 시험을 준비하는 데 큰 도움이 될 겁니다. 먼저 모든 프로젝트에 IB 개념을 꼭 다뤄야 하는데, 기억하는 사람이 있습니까? 역사 과목과 관련한 IB 개념에는 무엇이 있죠?

(학생들이 웅얼댄다.)

교사: 어서요. 이거 잊으면 안 돼요. 역사 과목의 주요 IB 개념이 무엇인가요?

학생 3: 음, 의미(significance)가 그중 하나로 알고 있어요.

교사: 좋아요. (칠판에 적는다.) 중대함이라고도 할 수 있죠. 또 뭐가 있을까요?

학생 4: 변화(change)요.

교사: 변화, 맞아요.

학생 5: 원인(causation)도 그중 하나입니다.

교사:	(칠판에 적으며) 원인, 네, 그것도 하나입니다.
학생 7:	결과(result)요.
교사:	(칠판에 적으며) 네, 영향, 결과도 포함됩니다.
학생 6:	관점(perspective)요.
교사:	(칠판에 적으며) 맞아요. 관점, 시각도 IB 개념 중 하나입니다. 좋아요. 하지만 역사 과목의 IB 개념이 이 리스트에 국한된 것이 아님을 기억하세요. 더 있죠. 참고로 정치, 그리고 경제에 관련된 개념입니다. 지금 다 기억하지 못할 수 있지만 이미 여러 번 다룬 개념이고, 이번 프로젝트에 이런 개념을 반영해야 하기에 여러분이 각 개념의 정의를 잘 이해하고 있는지 시간을 내어 복습하기 바랍니다. 자, 이제 루브릭(rubric)[2]을 전달하겠습니다. 이것은 여러분이 프로젝트와 함께 제출해야 합니다. (교사가 교실을 돌아다니며 루브릭이 적힌 프린트를 나눠주면 학생들이 이를 받아 살펴본다.)
교사	여기에 제시된 프로젝트 평가 기준에 여러분의 프로젝트를 계속 비교해보면 여러분이 얻을 성적에 대해 알 수 있습니다. 이런 루브릭은 이미 익숙하죠?

2　학습자의 학습 결과물이나 성취 정도를 평가하기 위하여 사전에 공유된 기준이나 가이드라인이다. 모든 IB 수업은 개별 프로젝트에 대해 항목별로 구체적 평가 지침이 제시되어 있으며, 학습자가 완성한 과업을 스스로 평가하는 표도 포함되어 있다.

(학생들이 대답하거나 고개를 끄덕인다.)

교사: 기억하세요, IB 과제의 평가 기준과 점수는 매우 투명합니다. 절대 선생님의 기분이나 임의로 성적을 줄 수 없어요. 나중에 성적이 예상보다 훨씬 높거나 혹은 훨씬 낮은 일은 없을 겁니다.

(학생들이 프린트를 꼼꼼히 읽는다.)

교사: 자, 이제 두 명이 한 조(pair)가 되어 이 프로젝트를 시작해야 합니다. 제가 두 학생의 이름을 부르면 한 사람은 자리에서 일어나 파트너 곁에 가 앉으세요. 앞으로 2주 동안 두 사람은 나란히 앉게 됩니다.

(교사가 무작위로 두 명씩 이름을 부르고, 학생들은 지시대로 이동한다. 약 1분 소요)

교사: 앞으로 2주 동안 여러분은 파트너와 개별적으로, 그리고 함께 프로젝트를 수행해야 합니다. 프로젝트를 설명하기 전에, 여러분, 존스턴 선생님(영어 교사) 수업에서 시와 절(verse)에 대해 배웠죠? 그 절이 랩에도 있음을 다 알고 있으리라 믿어요. 여러분 랩 음악을 즐겨 듣나요?

(학생들이 고개를 끄덕인다.)

교사: 그럼 후렴 앞에 무엇이 나오죠?

학생 8: 절이요. 1절, 그리고 2절….

교사: 그렇죠. 이 절에 있는 운율 중 스탠자(stanza)는 끝에 규칙적으로

비슷한 소리의 글자를 넣어 일정한 리듬을 구성하는 걸 가리키는 용어입니다. 자, 여러분은 각자 최소 3개, 최대 4개의 스탠자를 만들 겁니다. 한 개의 스탠자는 대략 6~8행을 갖춰야 합니다. 이때 AI를 사용하면 어떨까요? 당연히 0점을 받습니다. 이번 프로젝트는 비중이 크니까 표절은 절대 하지 마세요.

좋아요, 여러분은 파트너와 함께 두 냉전 시대 지도자들 사이의 랩 배틀을 영상으로 제작해 제출해야 합니다. 두 명의 지도자를 한 조가 맡으니, 각각 한 사람이 되어 랩을 한다고 보면 되겠죠.

(학생들이 킥킥거리며 평상시 좋아하는 랩 음악을 부르거나 몸짓을 한다.)

교사   자, 그런데 여러분의 랩은 역사적 사실에 근거를 두어야만 합니다. 그러려면 랩을 만들기 위해 책과 문헌을 읽고 조사해야죠. 그런 다음, 랩을 작성하기 전 여러분이 사용할 자료를 형식에 맞게 인용해야 합니다. 여러분에게 나눠준 프린트에 인용에 대한 샘플이 있으니 참고하기 바랍니다. 마지막으로 인용 문헌을 리스트로 만들어 제출해야 합니다. 질문 있나요?

학생 9:   그럼 랩 동영상을 만드는 거네요! 재미있어 보이지만 그런 걸 해본 적이 없는데….

교사: 네, 랩 음악 동영상을 제작하는 데 여러분의 상상력과 창의력을 발휘해보세요. 새로운 것을 시도해보는 것이 IB의 정신, 맞죠? 두려워하지 말고 최선을 다해보세요.

학생 10: 어떤 음악을 사용하나요? 우리가 직접 트랙을 만들어도 되나요?

교사: 그건 여러분에게 맡깁니다. 무료로 사용할 수 있는 배경음악이 인터넷에 허다하고, 여러분이 원하고 또 할 수만 있다면 직접 트랙을 만드는 것도 재미있겠죠?

(학생들이 파트너와 의논한다.)

학생 11: 저는 노래를 잘 못하는데요…. 랩도 못하고요.

교사: 물론 그런 사람이 있으리라는 걸 잘 알고 있어요. 하지만 자신이 잘 못하는 것에 도전하는 태도도 매우 중요합니다. 긍정적인 자세로 이 프로젝트에 임해주길 바라요. 여러분의 랩을 재미없는 책을 읽듯이 읽지만 말고 조금 위트 있게 표현한다면, 그리고 이 프로젝트에서 요구하는 요소들을 잘 반영하면 좋은 성적을 얻을 거예요. 루브릭에 노래나 랩을 잘해야 한다는 사항은 없습니다. 이해하겠죠?

학생 11: 아, 알겠습니다. 다행이네요. 설명해주셔서 고맙습니다.

(학생들이 웃는다.)

교사: 그런데 여러분, 여러분이 지금 스탠자를 쓸 준비가 되었다고 생각하나요? 그럴 리가요. 여러분은 증거나 연구 자료를 충분히 읽고 분석하지 않았습니다. 꼭 기억하세요. 여러분의 랩은 역사적 진실과 증거에 뿌리를 두어야 합니다. 여러분은 또 지도자의 성격과 특징에 대해 감을 잡을 필요가 있습니다. 그래야 여러분이 사용

할 단어, 표현, 감정 등을 잘 전달할 수 있겠죠? 그렇다면, 냉전 시대 리더들의 정책, 더 나아가 그들의 성격이나 성향을 어떻게 알 수 있을까요?

학생 10: 조사해야죠.

교사: 아하. 그런데 뭘 조사하죠?

학생 12: 리더의 정책을 모아 조사하면 그의 철학이나 세계관을 알 수 있다고 생각합니다.

교사: 좋아요. 철학과 세계관. 맞아요. 또 그 외에 뭘 조사하죠? 어떻게 하면 그들의 성격이나 생각을 알 수 있을까요?

(몇몇 학생이 손을 들고 교사가 한 학생을 부른다.)

학생 3: 자서전을 통해 그 리더의 배경을 알 수 있습니다.

교사: 훌륭한 지적입니다. 또 뭐가 있죠?

학생 7: 동영상은 어떨까요? 동영상을 본 기억이 납니다.

교사: 네, 동영상이 있다면 큰 도움이 되겠죠? 얼굴의 표현이나 보디랭귀지를 보면 그 사람의 감정이나 열정을 알 수 있죠.

학생 11: 그들이 쓴 사적인 편지도 도움이 될 수 있습니다.

교사: 왜 그렇게 생각하죠? 설명해보세요.

학생 11: 지난번 페이퍼 1을 준비할 때 히틀러의 사적 편지와 연설문을 읽어보았는데요. 그는 자신의 생각을 글로 표현했습니다. 그런 문서가 히틀러의 어떤 면을 볼 수 있게 해준다고 생각합니다.

교사: 아주 예리한 지적입니다. 그런 자료들이 큰 도움이 될 겁니다.

(학생들이 고개를 끄덕이고, 몇몇 학생은 노트에 적는다.)

교사: 여러분은 다양한 출처를 통해 여러분이 연구하는 리더의 성격과 특징을 포착할 수 있을 겁니다. 그래야 여러분이 맡은 지도자의 목소리가 청중에게 명확히 전달될 수 있습니다. 랩과 영상을 듣고 보는 사람이 여러분이 연구한 리더가 누구인지 금방 알아차리지 못한다면, 그건 좋은 징조가 아닙니다. 그 리더가 누구인지 매우 명확하게 전달하려면 그 지도자의 사진 또는 동영상을 참고해 그들의 옷차림, 몸짓, 언어와 말투도 포착해야 할 겁니다. 그들의 연설이나 정책은 물론 작은 디테일에도 주의를 기울여 그들의 의도를 이해해보세요. 그들이 어떤 생각을 갖고 스피치하고 정책을 정했는지 이해하는 데 큰 도움이 될 것입니다.

자, 이제 모두 프린트에 스탠자 1이라고 적혀 있는 페이지로 넘기세요. 모든 스탠자는 여러분의 리더가 추구한 목적과 관련된 내용을 담아야 합니다. 예를 들어, 만약 여러분의 지도자가 영토를 넓히길 원했다면, 랩에 어떤 내용을 다뤄야 할까요?

학생 3: 팽창주의(expansionism)요?

교사: 네, 확장주의, 군국주의 등과 비슷한 개념이죠. 맞아요. 만약 반대로 여러분의 리더가 냉전에 소심한 자세를 보였다면, 몇몇 미국 대통령처럼요, 이 경우 랩에 어떤 말이나 단어가 들어갈까요?

학생 5: 고립주의(isolationism)나 '우린 상관없어'란 생각이겠죠.

교사: 빙고! 이제 좀 더 이해가 되죠?

(학생들이 고개를 끄덕인다.)

교사: (칠판에 써놓은 개념을 손으로 가리키며) IB의 핵심 개념이 스탠자 작성에 꼭 반영되도록 하세요.

어쩌면 리더에게 중대한 변화가 있을 수 있죠. 그러니까, 다른 대륙의 전쟁에 상관없다라는 자세가 백팔십도 변할 수 있어요. 그렇다면 변화의 원인이 무엇인지 알아야겠죠? 또 그런 변화가 어떻게 정책이나 국가의 대응을 바꾸었는지도 살펴서 랩을 준비하면 좋은 결정체를 만들 수 있습니다. 자, 그럼 이제 무작위로 여러분이 연구하고 랩을 준비할 리더들을 뽑겠어요.

(두 개의 병에 담아둔 아이스바 스틱에 냉전 리더들의 이름이 적혀 있다.)

교사: 어느 조가 먼저 리더를 뽑기 원하죠?

(학생들이 자신들이 직접 리더를 고를 수 있게 해달라고 요청한다.)

교사: 오, 그렇게 하길 원한다면… 그렇게 할까요?

(학생들이 동의한다.)

교사: 그럼 여러분이 어떤 리더를 선택할 것인지 지금 바로 결정하세요.

(학생들이 책과 인터넷을 검색하다 손을 들고 선택한 리더의 이름을 말한다. '러시아의 카르비셰프 장군과 미국의 케네디 전 대통령'. 교사가 OK 사인을 준다. 루브릭 등에서 제시한 조건에 해당하지 않으면 교사는 안 된다고

하고, 그 이유를 설명해준다. 이런 식으로 각 조의 리더를 선택하고 교사가

조별로 리더의 이름을 적는다.)

교사: 이제 다 리더를 골랐죠? 그럼 이제 마감일과 중간 체크포인트에

대해 설명하겠습니다. 앞서 말했듯이 이 프로젝트는 전체 성적

에서 큰 비중을 차지하기 때문에 그냥 여러분에게 다 맡겨놓고

마감일에 최종 결과물을 제출하게 하는 것은 아무래도 위험합

니다.

(스크린을 가리키며) 따라서 여기 보이는 것처럼 첫 번째 스탠자는

오늘부터 3일 후에, 두 번째 스탠자는 5일 후에 제출하세요. 7일

후에 선생님이 훑어보고 승인을 해줘야만 랩 영상을 만들 수 있

습니다. 이해되죠? 꼭 중간 점검을 받아야 해요. 그렇게 스케줄

을 잘 지키는 것도 최종 점수에 반영됩니다. 물론 꼭 점검일까지

기다릴 필요도 없어요. 만약 마감일보다 더 일찍 스탠자를 제작

하고 OK를 받았다면 다음 단계로 넘어가도 좋습니다. 그러면 좀

더 멋지고 '쿨'한 영상을 제작하는 데 시간을 벌 수 있을 겁니다.

지금부터 선생님은 여러분이 프로젝트를 완성할 때까지 곁에서

돕고 가이드해줄 겁니다. 질문이 있다면 언제든지 하세요.

학생 1: 질문이 있습니다. 아카펠라로 해도 될까요?

학생 10: 아카펠라가 뭐지?

학생 1: 트랙 없이 그냥 보이스로만 노래하는 거야.

학생 6: 그게 더 어렵지 않을까?

교사: 음, 만약 아카펠라로 해보고 싶다면 그것도 허락하겠습니다. 이번 프로젝트는 여러분의 지식과 분석 능력을 창의력을 동원해 발표하는 겁니다. 그러니, 만약 여러분 중 아카펠라로 하고 싶다면 그것도 독창적인 방법이라 생각하기에 허락하겠습니다. 하지만 트랙이나 음악을 사용하는 것보다 더 어려울 수 있어요. 아카펠라에 대한 도움이 필요하면 음악 선생님을 찾아가보세요. 여러분을 도와줄 겁니다.

학생 5: 옷이나 복장도 우리가 택한 리더처럼 착용하면 도움이 될까요?

교사: 네, 당연하죠. 물론 그게 쉽지는 않을 거예요. 하지만 여러분이 택한 리더의 영상을 본 뒤 그의 슈트나 군복 등을 입으면 큰 도움이 될 겁니다. 그렇다고 부모님께 그런 옷을 꼭 사야 한다고 하지는 마세요.

(학생들이 웃는다.)

교사: 중고 가게에 가보면 여러분에게 필요한 복장을 싸게 구할 수 있을 겁니다. 하지만 꼭 옷을 사 입어야 하는 건 아니니까, 다시 말하지만 엄마 아빠한테 옷을 사달라고는 하지 마세요.

(학생들과 교사가 모두 웃고, 이내 학생들이 파트너와 더 적극적으로 대화하기 시작한다.)

학생 5: 질문 있습니다. 랩 영상을 만들 때 처음부터 끝까지 실수 없이 완벽하게 해내야 하나요?

학생 7: 그건 불가능해. 프로 래퍼들도 여러 컷을 쓰는데… 우리가 어떻게 한 번에 해?

학생 5: 그래서 질문하는 거야. 난 절대 처음부터 끝까지 다 완벽하게 할 수 없어.

교사: 동영상을 제작할 때 프로도 여러 컷을 씁니다. 그러니까 한꺼번에 3~4 스탠자, 적어도 18~24줄을 100% 완벽하게 랩으로 한다는 건 거의 불가능할 거예요. 여러 컷을 사용해도 됩니다.

학생 9: (다른 학생에게) 랩을 그냥 오디오 파일로 녹음해 놓고 영상 트랙과 합치면 돼. 맥북에 그런 기능 다 있거든.

교사: 다들 들었나요? 맥에도 영상 에디터가 OS에 포함되어 있어요. 아니면 무료 프로그램을 다운로드해 사용할 수 있고요.

(학생들이 자신의 컴퓨터를 사용하기 시작한다. 몇몇은 이러이러한 프로그램을 사용하자고 파트너와 대화하고, 다른 그룹에게 어떤 프로그램이 더 좋으냐고 질문하기도 한다.)

교사: 그런데 여러분, 지금 너무 랩 영상 제작에만 초점을 두고 있어요. 아무리 멋진 랩 영상을 만들어도 여러분이 충분히 연구하고 조사한 내용을 가사, 또는 메시지로 명확히 전달하지 못하면 평가 기준에 못 미칩니다. 내용에 먼저 충실해야 해요. 여러분이 에세이나 페이퍼를 쓸 때 가장 처음 해야 하는 것이 무엇이죠?

학생 5:	브레인스토밍(brainstorming)입니다.
교사:	그렇죠. 여러분은 현재 여러분의 리더에 대해 이미 알고 있는 내용을 버블 맵(bubble map) 혹은 리스트 목록을 만들어 브레인스토밍 해야 합니다. 그런데 지금 다들 영상 제작에만 초점을 맞추고 있어요. 물론 어떤 툴을 사용할 것인지 또 어떤 음악을 배경으로 쓸 것인지 염두에 두는 것은 좋습니다. 하지만 어떤 스탠자를 쓸 건지 생각하지도 않고, 또 전하는 메시지의 핵심이나 관객을 생각하지 않은 채 음악 트랙과 사용할 툴에 집중하는 것은 우선순위가 뒤죽박죽된 것 같지 않나요?

(학생들이 파트너와 함께 종이를 꺼내며 브레인스토밍 하자고 대화한다. 교사가 학생들 사이를 천천히 걸어 다니며 대화에 귀를 기울인다. 필요에 따라 조언하거나 질문에 답한다.)

교사:	자, 주목! 방금 ○○○가 어떤 스타일로 문헌이나 자료를 인용할 건지 질문했어요. 여러분은 시카고 스타일(Chicago Style)과 MLA 스타일(Modern Language Association Style) 두 가지를 알고 있을 거예요. 이번 프로젝트는 시카고 스타일로 합니다. 나중에 다른 프로젝트를 할 때 MLA를 사용하기로 하죠. 이 두 스타일의 차이점은 이미 다뤘으니 필요하다면 여러분의 노트나 인터넷을 검색해 다시 복습하면 됩니다.

(학생들이 파트너와 인터넷을 검색하거나 대화한다. 교사는 계속 교실을 천

천히 걸어 다니며 각 그룹의 대화에 귀를 기울인다. 필요에 따라 조언하거나 질문에 답한다.)

교사:　여러 조가 위키피디아를 검색하고 있네요. 여러분, 위키피디아는 프로젝트를 시작하는 데 도움이 될 수 있지만 절대 인용할 수 없습니다. 꼭 기억하세요. 그럼 어떤 검색엔진을 사용하는 게 적절한가요?

학생 2:　구글 스콜라(google scholar)가 좋을 듯합니다. 아카데믹한 조사니까요.

교사:　동의합니다. 구글 스콜라가 좋은 출발점이라 봅니다. 그리고 여러분이 아직 사용해보지 않았을 수 있는데, 에릭(ERIC: Education Resources Information Center)도 아주 요긴한 데이터베이스입니다. 대학생이나 연구 전문가가 사용하는 사이트지만, 여러분이 대학에 가면 필수로 사용할 사이트이니 이번에 사용해보면 도움이 될 겁니다.

(학생들이 다양한 엔진을 통해 검색을 이어간다. 교사는 계속 교실을 천천히 걸어 다니며 조언하거나 질문에 답한다.)

교사:　어떤 문헌이나 자료를 찾았을 때 저자가 인용한 문헌, 특히 끝부분에 나와 있는 참고 문헌 목록을 통해 여러분이 찾는 내용과 거리가 가까운 것을 찾아보면 됩니다. 우리 이미 다 해보았죠? 다 기억할 거라 생각합니다.

학생 8: 얘들아, 만약 라임을 만들다 벽에 부딪히면 라이밍(rhyming) 사이트를 사용해봐.

학생 10: 주소가 뭐지?

학생 8: 난 이거 두 개를 자주 사용해.

(학생들이 소개받은 사이트를 찾아가 킥킥거리며 원하는 단어의 동운어(同韻語)를 찾아본다. 학생들이 '쿨', '고맙다', '도움이 된다'고 주고받는다.)

교사: 네, 그런 툴을 사용해도 좋아요. 하지만, 항상 균형을 유지하세요. 너무 그런 툴에 치우치지 말라는 말입니다. 매번 그런 툴에 기대다 보면 여러분의 생각이 초점을 잃을 수 있어요. 먼저 꼭 자신이 조사하고 연구한 내용에 맞는 표현을 글로 쓰다가 벽에 부딪히면 그런 툴을 사용해요.

(학생들이 검색을 이어간다. 교사는 교실을 천천히 걸어 다니며 조언하거나 질문에 답한다.)

교사: 자, 이제 수업을 마칠 때가 되었습니다. 다른 질문 있나요?

학생들: 아니요.

교사: 그럼 오늘부터 파트너와 함께 이 프로젝트를 위해 대화하고 준비하고 연구하세요. 다음 수업은 계속 브레인스토밍과 조사, 연구를 하기로 합니다. 그리고 며칠 내로 첫 스탠자를 만들어 승인받아야 함을 잊지 마세요. 남은 하루 잘 보내세요.

학생들: 감사합니다.

역사 수업 교안	
수업 대상	12학년(한국의 고등학교 3학년에 해당)
수업 주제	냉전 시대 리더들의 정책 및 입장
수업 기간	8~10차시
수업 목표	– 20세기 초강대국 간 대립과 경쟁으로 긴장이 고조되었던 냉전에 대해 이해한다. – 냉전과 관련된 국가의 리더가 펼친 정책을 살펴보고, 냉전의 원인과 결과에 대해 알아본다.
이 수업에서 다루는 IB 역사 과목의 개념	변화(change) 관점(perspective) 중요성(significance) 결과(consequence) 연속성(continuity) 인과 관계(causation)
준비물	인터넷 접속이 가능한 개인 컴퓨터, 헤드폰/이어폰, 동영상 촬영용 카메라/ 핸드폰, 냉전 시대 리더들의 이름을 적어둔 종이나 아이스바스틱
장소	교실, 영상이나 음악을 제작할 수 있는 공간
수업 전략	– 냉전과 관련된 주요 인물의 배경과 철학, 관점 등을 조사해 정책에 어떤 영향을 끼쳤는지 알아본다. – 각 리더의 관점(perspective)을 살펴보고 비교해본다. – 리더가 내린 결정이 어떤 정책으로 전개되었는지 분석해본다.
수업 개요	– 과목과 관련된 IB 개념을 상기시킨다. – IB 페이퍼에 대해 설명하고, 필요에 따라 샘플을 공유한다.

수업 개요	– '에픽 랩 배틀'을 위해 한 조에 두 명씩 배정한다. – 각 조는 다른 지역이나 국가의 리더 두 명을 배정받거나 선택한다. – 각 학생은 자신이 맡은 냉전 시대 리더 입장을 최소 3개, 최대 4개의 　스탠자로 만든다. – 필요에 따라 스탠자의 성격이나 샘플을 공유한다. – 모든 스탠자는 역사적 사실, 문헌이나 영상 등에 근거해야 한다. – 인용 문헌은 시카고 스타일(Chicago Style)로 제출한다. – 스탠자를 만들 때 파트너와 공유한다. – 중간중간 교사의 승인을 받는다. – 만들어낸 최종 스탠자를 음악에 맞춰 랩으로 제작하고, 영상을 만들어 　제출한다. – 모든 학생이 함께 랩 배틀을 보고 평가한다.
평가 및 반영	– 총 레슨 시간이 적절했는가? 시간이 더 필요했는가? – 학생들의 피드백은 어땠는가? 무엇을 재미있어하고 무엇을 　어려워했나? – 레슨에 필요한 도구와 장비는 충분했는가? – 과목과 관련된 IB 개념을 이해하는 데 본 수업이 도움이 되었는가? – IB 페이퍼를 준비하는 데 도움이 되었는가?

2. 『세일즈맨의 죽음』과 묘비 프로젝트[3]

교사: 여러분, 우리는 지난 두 주간 미국 희곡의 대명사라 할 수 있는 『세일즈맨의 죽음』을 함께 읽었습니다. 책을 읽으면서 중간중간에 작품의 주제나 등장인물 사이의 갈등, 특히 주인공 윌리 로먼의 내면적 갈등과 고민에 대해 논의했죠.

오늘 수업은 두 파트로 진행할 겁니다. 첫째, 이 책에 대해 여러분이 알고 있는 정보나 배경 자료, 팩트를 총정리해보겠습니다. 그런 다음엔 '묘비 프로젝트'를 진행할 겁니다. 먼저 팩트부터 시작하죠. 이 책의 저자는 누구죠?

학생 1: 아서 밀러(Arthur Miller)입니다.

교사: 네, 그럼 저자에 대해 우리가 알고 있는 바가 무엇이죠? 필요하다면 슬쩍 인터넷을 검색해봐도 됩니다. 하지만 이 정도 정보는 머릿속에 갖고 있어야 해요.

(학생 몇몇이 인터넷을 검색한다. 교사가 특별히 지정하지 않고 학생들이 자유롭게 대답한다.)

학생 2: 여러 희곡을 쓴 미국 작가입니다.

학생 5: 1915년에 태어났습니다.

----

3   11학년 문학 과목으로 담당 교사는 애비게일 존스턴(Abigail Johnston)이다.

학생 3: 매릴린 먼로(Marilyn Monroe)와 결혼했어요.

(여기저기서 '맞아', '그랬어' 등의 소리가 들린다.)

학생 4: (컴퓨터 화면을 보며) 밀러가 청소년이었을 때 아버지가 의류 사업을 하다 망했다고 해요.

학생 8: 『시련(The Crucible)』도 밀러의 작품입니다. 10학년 때 읽어보았습니다.

학생 11: 밀러는 대공황이 끝날 즈음 고등학교를 졸업했고, 몇 년간 일해 학비를 모아서 미시간대학에 진학했다네요.

학생 15: 원래 공부보다 운동에 더 관심과 소질이 있었대요.

학생 13: 이 작품으로 퓰리처상을 탔어요.

교사: 네, 모두 좋습니다. 우리는 이미 다른 소설이나 작품을 통해 왜 저자의 배경을 파악해야 하는지 배웠어요. 기억하죠? 왜 저자의 배경을 파악해야 하나요?

학생 6: 저자는 항상, 그러니까 거의 대부분 자신의 환경이나 체험에 근거한 글을 쓰니까요.

학생 12: 같은 맥락이지만, 작품의 배경이나 설정, 등장인물이 저자가 보고 듣고 경험한 것, 저자 자신, 아니면 저자가 알고 있는 사람과 흡사해서요.

교사: 빙고! 맞습니다. 그래서 어떤 작품을 읽고 평가하려면 저자의 배경을 꼭 파악해야 합니다. 저자가 살았던 시대적 배경과 공간적

배경을 알면 작품을 더 깊이 파악하고 이해할 수 있어요. 여기에 저자 개인의 가정 환경, 예를 들어 부모의 직업이나 경제적 형편, 교육 정도, 종교, 가까운 친구나 스승 등을 알면 훨씬 더 빨리, 그리고 쉽게 저자의 의도를 알아차릴 수 있겠죠.

이 작품을 토대로 중간 평가 에세이를 쓸 수도 있고, 혹은 소논문 (EE: Extended Essay)으로 저자 밀러와 그의 배경에 대한 에세이를 쓸 수도 있을 겁니다. 꺼낼 수 있는 주제가 무궁무진하죠.

(학생들이 고개를 끄덕인다.)

교사: 다시 돌아가서 그럼, 이 작품은 언제 출간되었죠?

학생 4: 1949년요.

교사: 네, 그럼 1940년대 말경 미국 내 분위기와 국제적 환경은 어땠나요? 잘 모르겠다면 인터넷을 검색해도 좋아요.

학생 5: 제2차 세계대전이 1945년에 끝났습니다.

학생 6: 한국전쟁이 1950년에 시작되었어요. 이념 다툼, 냉전의 시작이라 할 수 있죠.

교사: 좋은 지적입니다. 당시 미국 안에서는 어떤 일이 벌어지고 있었나요?

학생 9: (검색한 화면을 보며) 트루먼 독트린(Truman Doctrine)이 1947년에 발표되었네요. 이 정책에 따라 공산주의를 거부하는 국가에 미국이 경제적, 군사적 지원을 했다고 역사 수업에서 다뤘어요. 소련은 소련대로 자기네 그룹을 만들고 있었고요.

학생3: 아, 트루먼 독트린은 미국이 제2차 세계대전 후 국제 정치에 적극적으로 참여하겠다는 선언이에요. 기존의 고립주의(isolationism)에서 벗어나 국제 정치에 개입한다는 뜻이죠.

학생9: (또 다른 검색 화면을 보며) 제2차 세계대전에 참전했다 집으로 돌아온 군인이 많았습니다.

교사: (고개를 끄덕이며) 그렇습니다. 그런 분위기에서 지식인이라 할 수 있는 대학생이나 교수 같은 이들은 전쟁을 어떻게 바라봤나요?

학생2: 미국이 승전국이라 다행이라 생각했지만 너무 큰 대가를 치렀잖아요. 환멸감을 느낀 사람이 많았습니다.

학생1: 맞아요. 군인은 여러 후유증, 특히 외상후스트레스장애(PTSD)로 고생했을 겁니다. 당시에 그런 용어를 썼는지는 모르겠지만요.

교사: 와우, IB 역사 수업을 통해 여러분이 그 시대에 대해 잘 알고 있어서 아주 좋네요. 이렇게 역사적 흐름을 이해하면 밀러의 작품은 물론이고, 그 시대에 쓰인 작품이나 그 시대를 다룬 다른 소설, 희곡, 시, 영화 등을 더 명확히 이해하고 파악할 수 있습니다.

좀 전에 ○○○가 '환멸'을 이야기했는데, 『세일즈맨의 죽음』에 잘 드러나는 정서이기도 합니다. 그러면 여러분, 『세일즈맨의 죽음』의 주제가 무엇이라 생각하나요?

학생11: 음, 소망과 절망 같아요.

교사: OK! 다른 사람은요?

학생14: 가장이나 부모가 느끼는 중압감, 특히 아버지의 책임과 무게라고 생각합니다.

교사: 그것도 좋네요. 또 다른 의견이 있나요? 꼭 커다란 줄기가 아니어도 됩니다.

학생15: 저는 역기능적 가정이라고 느꼈어요.

교사: 왜 그렇게 생각했죠?

학생15: 거의 모든 대사가 상대방을 이해하지 못한 채 자기 생각만 일방적으로 전달해요. 고함을 지르고 분노를 터뜨리고요. 그리고 윌리는 아버지의 역할을 제대로 못했다고 생각해요. 또 두 아들은 성인이 되어서도 부모에게 아무런 도움이 되지 못했고, 오히려 기생충 같은 존재였어요.

학생9: 기생충? 그거 한국 영화 이름인데.

(학생들 몇몇이 웃는다.)

교사: 기생하는 윌리의 두 아들이라, 흥미로운 표현이네요.

학생7: 하지만 윌리도 좋은 아버지는 아니었어요. 린다는 좋은 엄마 같았지만.

학생15: 동의해요. 아무튼 전체적으로 로먼 가족은 옆집 찰리 가족과 달랐습니다.

교사: 아주 좋은 포인트입니다. 작가는 이 작품에서 분명 역기능적 가

정을 그리고 있습니다. 이 토픽도 우리가 차후에 다뤄야 할 부분입니다. 또 다른 의견 있나요?

학생 2: 현실과 비현실의 관계도 다뤘다고 생각합니다.

교사: 좀 더 설명해보세요.

학생 2: 작가는 주인공의 망상이나 환각을 우리에게 보여줍니다. 윌리 로먼은 악몽 같은 생각과 기억에 시달리죠. 왜 기회를 놓쳤는지 후회하고, 과거에 잘나가던 시절의 기억으로 자신을 위로하고요. 때로 너무 극과 극을 오갑니다.

학생 1: 그런데 선생님, 주인공이 추억을 떠올릴 때 그게 다 사실이었나요? 감을 잡을 수가 없었어요.

교사: 좋은 지적입니다. 우리는 주인공 윌리가 과거를 떠올릴 때 그 기억이 다 사실인지, 아니면 망상인지 전혀 알 수 없습니다. 예를 들어, 윌리가 가끔 그의 형과 대화를 하는데, 정말 그에게 형이 있었는지도 몰라요. 형이 있었더라도 그가 윌리에게 알래스카로 돈을 벌러 같이 가자고 했는지, 그 형이 정말 부자가 되었는지 독자는 알 수 없어요. 주인공 윌리도 마찬가지인데 그가 정말 좋은 세일즈맨이었는지 아닌지 우리는 알 수 없습니다.

이렇게 작가는 추억을 떠올리는 윌리가 사실을 말하는지, 아니면 망상 속에 있는지 밝히지 않죠. 그렇기에 독자가 판단을 내려야 합니다. 밀러는 이런 효과를 다른 희곡이나 작품에도 자주 사용했어요. 자, 다른 주제나 사실 정보에 대해 지금 나누고 싶은 것이 있나요?

학생 6: 주인공 윌리 로먼에겐 '비프'와 '해피'란 두 아들이 있습니다. 아내의 이름은 '린다'입니다.

교사: 그렇죠. 이런 식으로 주요 등장인물을 분석하면 전형적인 모델(archetype)을 발견할 수 있습니다. 등장인물 분석은 오늘의 주제가 아니라 다음 주쯤 구체적으로 분석하겠습니다. 꼭 염두에 두세요. 다른 팩트나 정보는요?

학생 2: 윌리 로먼은 은퇴할 때를 지난 늙은 세일즈맨이었습니다.

교사: 맞아요. 그럼 윌리가 무엇을 판매하는 세일즈맨이었죠?

(학생들은 서로 쳐다볼 뿐 답이 없다.)

교사: 이 부분도 작품에 명확히 나오지 않아요. 하지만 작은 조각 같은 힌트나 정보를 모아서 추정해볼 수는 있어요. 윌리 로먼과 어떤 물건, 무슨 상품이 연결되어 있죠?

학생 9: 스타킹요?

학생 14: 하지만 스타킹은 외도할 때 여자에게 준 선물이라 기억하는데, 그걸 팔려고 대도시를 누비며 다녔을까요?

교사: 그건 정확히 알 수 없지만 스타킹이 언급된 것은 사실이죠.

학생 13: 플루트 판매원이었다고 한 것 같은데요?

학생 9: 아냐, 플루트는 윌리의 아버지가 팔았다고 한 것 같아.

교사: 네, 플루트도 언급되었어요. 작품에 슬픈 플루트 곡이 자주 등장하죠. 더스틴 호프먼이 주연으로 출연한 동명의 영화를 보면 실제로 같은 플루트 곡이 배경에 나오는 것을 발견할 수 있을 거예요. 혹시 본 사람이 있나요?

(몇몇 학생이 손을 든다.)

학생 11: 선생님, 그 당시는 세일즈맨이 가정에 필요한 물건을 카탈로그를 보여주며 팔았다는 다큐멘터리를 본 기억이 나는데요. 윌리가 이것저것 다 파는 세일즈맨이 아니었을까요?

교사: 맞아요, 그런 시절이 있습니다. 살펴본 것처럼 윌리 로먼이 무슨 물건 판매원이었는지 우리는 정확히 알 수 없어요. 그가 정말 매출을 많이 올린 뛰어난 판매원이었는지도 알 수 없습니다. 윌리는 자신이 그랬다고 큰소리쳤지만요. 저자 밀러는 모든 팩트를 낱낱이 우리에게 전해주지 않습니다. 이것도 하나의 문학적 테크닉이죠. 또 다른 팩트나 정보, 주제를 공유하고 싶은 사람 있나요?

학생 15: 제 생각엔 작가 밀러가 아메리칸드림을 비판했다고 생각합니다.

교사: OK. 팩트나 배경 정보는 아니지만 맞는 말입니다. 그럼 아메리칸드림이 무엇인지 누가 정리해볼 수 있나요?

학생 12: 잘 먹고 잘 사는 거요. 꿈은 이루어진다. 뭐, 그런 거죠.

교사: 아주 간단하게 말하면 그렇죠. 하지만 좀 더 구체적이고 풍부하게, 그리고 정확하게 설명해보세요.

학생 9: 아메리칸드림은 열심히 노력하면 누구나 자신의 배경이나 환경의 제약을 넘어 성공할 수 있다는 희망을 말합니다. 그러니까 미국은 공평한 기회를 주는 나라이기에 흑인도 동양인도 남미인도, 또 가난한 백인도 노력만 하면 돈도 잘 벌고, 집도 장만할 수 있으며, 사회적 위치나 계급도 바꿀 수 있다는 정신입니다.

교사: 와우! 훌륭합니다. 인터넷에 뜬 글을 그냥 읽은 건 아니겠죠? (웃음) 명료하게 잘 정리했어요. 그렇다면 저자 밀러는 아메리칸드림에 대해 어떻게 말하나요?

학생 10: 비판적이죠. 다 헛것이라고, 현실과 동떨어져 있다고 지적합니다.

학생 8: 하지만 아메리칸드림은 이웃인 찰리 가족이 이루지 않았나요? 그렇다면 음, 윌리 가족처럼 못 이룰 수도 있고, 찰리 가족처럼 이룰 수도 있다는 말 아닐까요?

학생 1: 못 이룰 때가 더 많다는 게 밀러의 포인트인가?

학생 4: 밀러는 아메리칸드림은 그냥 소원, 희망일 뿐이라고 말하는 것 같아요. 이루어질 때도 있지만… 그러지 못한 경우가 더 많다, 뭐 이런 말이죠.

학생 5: 아, 우울해지는데. 꿈에서 깨란 말인가?

교사: 다양한 얘기가 나오고 있군요. 여러분보다 조금 더 나이를 먹은 인생 선배로서 아메리칸드림은 가능성을 말하는 것이지 모두 다 원하는 것을 100% 이룰 수 있다는 것이 아님을 꼭 전하고 싶습니

다. 아메리칸드림은 일종의 이상(ideal)이죠. 도전하는 사람이 최선을 다할 수 있게 힘이 되어주지만, 결국 그 꿈에 이르지 못하면 실망과 좌절의 원인이 될 수도 있어요. 이 점도 우리 차후 수업에서 다루기로 하죠.

자, 이 작품에 관한 정보는 오늘 우리가 나눈 것 외에도 인터넷을 검색하면 쉽게 찾아볼 수 있습니다. 이 작품이 미국 희곡을 대표하는 작품이기에 관련 정보는 그야말로 넘쳐납니다. 그래서 만약 여러분이 작품에 대한 배경이나 줄거리, 또 주제나 모티프 같은 것들에 대해 알고 싶으면 인터넷을 찾아봐도 됩니다.

하지만 주의하세요! 우리가 이 작품을 두 주에 걸쳐 읽었기 때문에 그런 자료를 참고해도 된다고 허락하는 겁니다. 책이나 작품을 읽기 전에는 절대 타인이 정리해 놓은 인터넷 자료나 위키피디아를 보지 않기 바랍니다. 그런 자료를 먼저 훑어보면 책을 읽지 않고 싶은 유혹을 느끼고 다 안다는 착각도 들 겁니다. 하지만 스스로 읽어내지 않으면 그건 절대 내 의견이나 생각이 될 수 없습니다. 잘 알고 있죠?

학생들: (고개를 끄덕이며) 네!

교사: 그럼, 지금부터 오늘의 두 번째 파트에서 할 활동에 대해 설명하겠습니다. 우선 종이 한 장을 꺼내세요. 자, 종이를 접은 뒤 줄을 그어 두 공간으로 나누세요.

(교사가 시범을 보여주고, 학생들이 따라 한다.)

교사: 이제 위와 아래 공간에 이런 묘비, 비석을 그리세요. (스크린을 보여주며) 똑같이 그릴 필요는 없어요. 하지만 전체 공간을 묘비 윤곽선으로 꽉 채우세요.

(학생들이 화면을 본 뒤 각자 종이에 묘비를 그린다.)

교사: (교사가 학생들의 종이를 체크하며) 좋아요. 여러분, 묘비명(epitaph)이 무엇인지 알죠?

학생 3: 네, 저희 할아버지 묘비에는 '사랑받은 아버지와 남편, 여기 잠들다'라고 쓰여 있어요.

교사: 좋네요. 네, 여러분 모두 한 번쯤은 묘지에 간 경험이 있을 겁니다. 묘비에는 보통 한 사람의 삶을 보여주는 짧은 문장이 적혀 있지요. 자, 그럼 지금부터 위쪽 묘비에 윌리 로먼의 묘비명을 여러분이 적어보세요. 먼저 충분히 생각하고, 또 필요하다면 친구와 의논한 뒤 써도 됩니다. 시작하세요.

학생 4: 묘비명 문구를 공유하는 웹사이트도 있어요.

(학생이 해당 사이트를 공유한다.)

교사: OK. 이런 사이트를 검색해 어떤 묘비 문구가 있는지 알아봐도 좋습니다.

(학생들이 인터넷을 검색하며 멋진 문구나 특이한 문구를 구두로 공유한다. 몇몇 학생은 생각에 잠기고, 몇몇은 곁에 있는 친구와 조용히 대화를 나누기

도 한다. 이내 학생들이 묘비명을 쓰기 시작한다. 5분가량 소요.)

교사: 누가 자신이 만든 윌리 로먼의 묘비명을 읽어보겠습니까?

학생 2: 사랑하는 아내 린다의 남편 윌리 로먼, 여기 잠들다.

교사: 짧은 묘비명이네요. 앞서 누가 말한 것에 이름만 바꾼 것 같은데요. 좀 더 적극적으로 참여해보세요.

학생 4: 저는 윌리의 삶이 너무 허무하게 느껴져요. 윌리가 정말 아내 린다를 사랑했는지, 또 린다는 윌리를 사랑한 건지 아니면 그저 떠나지 못하고 견뎌온 건 아닌지… 그런데 차마 그런 묘비명을 쓰기는 어렵네요.

학생 1: 묘비명은 다 좋은 말만 쓰는 것 아닌가? 묘비명에 사실을 쓸 수는 없지. 죽은 사람에 대한 예의라고 생각해. '별 볼 일 없는 평범한 윌리, 평생 세일즈맨으로 살다 외도 때문에 아들을 잃고, 아내의 연민만 받다 끝내 자살했다'라고 묘비명을 쓸 수는 없잖아?

학생 6: 나는 내용은 비슷하지만 좀 다르게 표현했는데.

교사: 읽어보세요.

학생 6: 윌리 로먼. 평범한 세일즈맨. 평생 쉬지 않고 달리다 참혹한 사고로 사망함. 그는 꿈꾸는 자였고 최선을 다했다.

학생 9: 그건 완곡한 표현인데. 하긴 죽은 사람의 묘비에 좋은 말을 남겨야겠죠?

교사: 아하, 여기에 언어의 도구 중 하나인 완곡어법(euphemism)이 등

장하네요. 네, 묘비에는 사실이나 현실을 적나라하게 쓰기보다
좀 고상하고, 무언가 가슴을 뭉클하게 하는 글, 좀 더 긍정적인
말을 사용하죠. 예를 들어, 윌리가 화를 자주 내고 언성도 종종
높였어요. 그런데 그런 면을 어떻게 긍정적으로 묘비명에 표현할
수 있을까요?

학생 8:   '그는 열정적(passionate)이었다'는 어때요?

교사: 좋은데요? 완벽하게 그렇지는 않지만 묘비명을 그렇게 쓸 수도
있겠죠? 그럼 두 아들에게 제대로 된 직업을 찾아라, 성공해라,
더 큰 일을 해라 등의 말을 윌리가 자주 했어요. 이것을 좀 더 완
곡하게, 부드럽게 표현할 방법이 있을까요?

학생 11:   음, '두 아들을 많이 사랑하고 관심을 보였다'라고 할 수 있겠죠.

학생 14:   이건 어때요? '두 아들을 끔찍하게 사랑했고 믿었다. 매사에 최고
를 추구하라고 가르쳤다.' 이렇게요.

(학생들이 연이어 긍정적인 윌리 로먼의 묘비명을 만들어 표현한다. 완곡한
표현을 넘어 거짓에 가까운 묘비명도 등장한다.)

교사: OK. 수고했어요. 우리는 이렇게 윌리 로먼의 묘비에 어떤 묘비명
을 쓸 수 있을지 다양하게 생각해보았어요. 묘비명에는 대부분
완곡한 표현을 사용해 사망한 이를 조금 더 좋은 사람으로 보여
주려 한다는 것도 알게 되었습니다. 그럼, 이제 여러분에게 숙제
를 낼게요.

학생 3: (손을 들며) 하단에 있는 묘비에 우리 자신의 묘비명을 써보라고 하실 것 같은데, 아닌가요?

교사: 하하하, 맞아요. 어떻게 눈치챘죠? ○○○가 말한 것처럼 여러분은 오늘 집에 돌아가 여러분의 묘비에 넣을 묘비명을 적어보세요. 하지만 완곡어법을 사용하지 말고 정직하고 냉정하게 여러분의 삶이 어땠는지, 그리고 어떻게 살기 원하는지 써보세요.

(학생들이 생각이 많아지는 표정으로 듣고 있다.)

교사: 여러분에게 선생님의 묘비명을 샘플로 보여줄까요?

학생들: (흥미를 보이며) 네.

교사: 자, 스크린을 보세요.

(스크린에 미리 만들어둔 묘비 그림이 보인다. 그 안에는 '헌신적인 교사이자 멘토, 학생의 삶에 큰 기여를 한 영어 교사, 사랑하는 남편의 아내이자 세 아이의 엄마, 9명의 손자 손녀를 사랑했고, 또 평생 듬뿍 사랑을 받다 향년 80세에 천국에 입성하다'라고 쓰여 있다. 스크린을 보던 학생들이 고개를 끄덕이거나 '좋은데', '뭉클하다' 같은 반응을 보인다.)

교사: 여러분, 묘비명은 한 사람의 신념이나 철학, 삶의 우선순위를 총결산하는 표현이에요. 그러니 여러분은 오늘 충분히 시간을 들여서 여러분의 신념과 삶의 우선순위, 또 인생의 목표를 깊이깊이 생각해보고 각자 자신의 묘비명을 만들어 내일까지 갖고 오세요. 알겠죠? 그럼 내일 만나요.

문학 수업 교안	
수업 대상	11학년(한국의 고등학교 2학년에 해당)
수업 주제	희곡『세일즈맨의 죽음』복습 및 묘비명 작성
수업 기간	작품을 읽는 것과 별개로 팩트와 주제에 관해 2차시
수업 목표	– 『세일즈맨의 죽음』복습을 통해 총체적 이해를 도모한다. – 『세일즈맨의 죽음』의 주인공 윌리 로먼의 묘비명을 만들며 그의 인생을 개괄하고, 각자 자신의 미래 묘비명을 만들어본다. – 학생으로 하여금 자신의 삶을 돌아보게 하고, 가까운 미래부터 먼 미래까지 어떤 삶을 살아갈 것인지 상상하고 계획하도록 돕는다.
이 수업에서 다루는 IB 영문학 과목의 개념	본질(identity) 문화(culture) 창의력(creativity) 소통(communication) 관점(perspective) 변형(transformation) 묘사(representation)
준비물	『세일즈맨의 죽음』책과 영화(DVD/streaming content), 종이, 필기도구, 스크린에 보여줄 샘플 묘비명 이미지
공간/장소	교실, 프로젝터/스크린, 종이, 필기도구, 컴퓨터
수업 전략	– 문학 작품을 대할 때 작품에 대한 정보나 팩트만 찾아 외우는 것은 바람직하지 않다. 하지만 저자의 배경과 등장하는 캐릭터가 상징하는 내용, 모티프 같은 요소는 꼭 짚고 넘어가야 한다. – 『세일즈맨의 죽음』을 본질, 관점, 그리고 묘사라는 세 가지 개념을 기반으로 접근한다. – 10가지 IB 학습자상을 동원하고 발전시킬 수 있게 촉진한다. 특히 생각하고, 소통하며, 성찰하는 것에 중점을 두도록 안내한다.

수업 개요	- 함께 읽은 『세일즈맨의 죽음』을 다룬 문헌 자료나 인터넷 검색으로 작품 정보를 살펴본다. - 저자 아서 밀러(Arthur Miller)에 대해 알아보고 저자의 배경이 작품에 어떻게 반영되었는지 살펴본다. - 당시 시대적 흐름이나 사회적 분위기가 작품과 어떤 관계가 있는지 살펴본다. - 주제나 테마는 무엇인지 살펴본다. - 주요 등장인물의 성향과 그들이 상징하는 것은 무엇인지 살펴본다. • 토론(약 10~15분) - 주인공 윌리 로먼이 떠올리는 과거는 환상이었나 현실이었나? - 로먼이 꿈꾸던 이상은 무엇이었나? - 로먼의 꿈을 아메리칸드림이라 부를 수 있나? - 아메리칸드림과 현실의 관계는 무엇인가? - 저자 밀러는 아메리칸드림에 대해 어떤 점을 지적하거나 제시하는가? • 활동(약 15~20분) - 주인공 로먼의 묘비명을 각 학생이 만들어본다. - 왜 그런 묘비명을 만들었는지, 어떤 텍스트나 맥락적 단서가 뒷받침해 주는지 밝힌다. - 완곡한 표현(euphemism)이 무엇인지 예를 든다. - 숙제로 자신의 묘비명을 만들며 지금까지 살아온 삶을 돌아보게 한다. 이를 통해 앞으로 어떻게 살아야 할지, 어떤 평가를 받고 싶은지 생각해보도록 안내한다.
평가와 반영	- 총 레슨 시간이 적절했는가? - 모든 학생이 토론과 대화에 참여하도록 수업을 잘 이끌었는가? - 개념을 잘 사용해 작품에 접근하고 분석했는가? - 수정할 부분이 있다면 무엇인가? - 숙제에 대한 학생들의 반응은 긍정적이었는가?

3. 공간과 스케일에 관한 규칙[4]

1차시

교사: 여러분, 우리는 오늘을 포함해 앞으로 네 번에서 다섯 번 같은 주제를 공부할 겁니다. 모두 다 종이 한 장과 연필을 준비하세요. 그 외에 필요한 도구는 없습니다.

(학생들이 종이와 연필을 꺼낸다.)

교사: 좋아요. 일단 종이 위 오른편에 여러분의 이름과 오늘 날짜를 적으세요.

(학생들이 지시에 따른다.)

교사: 다 했죠? 그럼 우리 함께 생각해볼게요. 머릿속으로 우리 학교를 하늘에서 내려다보면 어떨지 생각해보세요.

학생 1: 학교 전체를요?

교사: 네, 조감도처럼 우선 학교 전체를 머릿속에 떠올려보세요.

(학생들이 서로 쳐다보며 의아해한다.)

교사: 그냥 떠올려보면 됩니다. 이제 질문할게요. 여러분이 우리 학교에서 가장 좋아하는 공간은 어디인가요? 예를 들어, 교실, 식당, 체

---

4   6학년 디자인 수업으로 담당 교사는 레이철 유(Rachel Yoo)다. 이 수업은 5차시에 걸쳐 이루어지는데 학생들이 직접 도면 작업을 하고 대화하는 데 시간을 많이 할애하기 때문에 1, 2차시 수업을 묶어 스크립트로 옮겼다. 이어지는 3~5차시 수업 내용도 요약해 덧붙인다. 참고로 미국은 대부분 6학년부터 MYP 과정에 해당한다.

육관, 놀이터 등등 중에서 어떤 공간을 제일 좋아하나요?

(여러 학생이 손을 든다.)

교사: (한 학생을 가리키며) 말해보세요.

학생 3: 저는 체육관이 제일 좋아요.

교사: 좋아하는 이유는 뭐죠?

학생 3: 음, 교실보다 넓고 무엇보다 놀 수 있어서 좋아요. (웃음)

학생 2: 저도요. 운동은 공부보다 재미있고, 친구들과 같이 농구나 배구를 할 수 있어서 저도 체육관이 제일 좋아요.

교사: 아하, 좋아요. (손을 든 다른 학생을 가리키며) ○○○는 어때요?

학생 6: 저는 선생님 교실을 제일 좋아해요.

(몇몇 학생이 고개를 끄덕이고, 교실을 둘러보는 학생도 있다.)

교사: 이유를 말해보세요. (미소를 지으며) 추가 점수를 받기 위해 그냥 한 말은 아니겠죠?

(학생들이 웃는다.)

학생 6: 아니, 아니, 절대 아니에요. 우리 학교 교실은 거의 다 비슷한데, 이 교실은 2층에 있어서 그런지 좀 더 밝고, 바닥에 깐 새 카펫도 맘에 들고… 아무튼 이 교실에 오면 마음이 편해져요. 가지런히 잘 정돈된 것 같기도 하고요.

교사: 그렇게 생각하다니 고맙네요. 이 교실이 맘에 든다고 느끼는 학생이 더 있나요?

(두세 명이 손을 든다. 그들에게 왜 교실이 마음에 드는지 교사가 질문하고,

학생들이 학생 6과 비슷한 답을 한다.)

교사: 그럼 다른 학생들은 또 어떤 공간이 마음에 들죠? 어떤 공간을

좋아해요?

학생 4: (손을 들고) 저는 오픈 클래스가 좋아요.

(몇몇 학생이 서로 쳐다보며 오픈 클래스가 어디냐고 묻는다.)

학생 4: 고등학생들이 주로 사용하는, 채플 위에 있는 도서관 같은 곳 있

잖아. 거기 알지?

(궁금해하던 학생들이 알겠다며 고개를 끄덕인다.)

교사: 여러분, 어딘지 알죠? 거기서 공부를 하거나 활동한 기억이 나죠?

(몇몇 학생이 얼마 전에 그곳에서 2시간에 걸쳐 시험을 치렀다고 말한다.)

교사: 아하, 좋아요. 그럼 왜 그 공간이 좋아요?

학생 4: 잘 모르겠어요. 그냥 마음에 들어요.

교사: 그래도 이유가 있을 텐데… 잘 생각해보세요. '그냥 좋아요'라는

답은 너무 불투명해요.

학생 4: 음… 거기서 공부하면 마치 대학교 도서관에 간 기분이에요. 책

상도 많고, 뻥 뚫려 있고, 교실보다 훨씬 넓어서 좋아요.

교사: 그럼, ○○○같이 오픈 클래스가 가장 마음에 든다고 생각한 학

생이 또 있나요?

(몇몇 학생이 손을 들고 각자 왜 그 공간을 좋아하는지 말한다.)

교사: 알겠어요. 그럼 과학실이 제일 좋은 학생들 손 들어보세요

(몇몇 학생이 손을 든다. 이름을 부르면 각자 왜 그 공간을 좋아하는지 말한다.)

교사: 그럼 식당은요?

(몇몇 학생이 손을 들고 이름을 부르면 각자 그 공간이 왜 좋은지 말한다. 한 학생은 식당이 싫은 이유를 말한다.)

교사: 좋아요. 그럼 이제 여러분이 가장 싫어하는 공간에 대해 이야기해봅시다.

(학생들이 적극적으로 손을 들면서 자신이 말하게 해달라고 표현한다.)

교사: ○○○, 말해보세요.

학생 9:   저는 화장실이 제일 싫어요. 냄새가 나요.

학생 5:   화장실은 어디든지 다 냄새 나는 거 아닌가? 내가 전에 다녔던 학교는 냄새가 너무 심해서 화장실에 들어가기도 싫었어. NCA 화장실은 거기보다 훨씬 깨끗해.

학생 9:   너는 여자 화장실을 사용하지 않아서 모를 수 있지.

학생 5:   뭐라고? 여자 화장실 냄새가 더 심하다고? 너 남자 화장실에 와본 적 있어?

(남녀 학생들이 성별대로 맞장구를 치면서 떠든다.)

교사: 자자, 조용히 하세요. 그럼 ○○○ 말고 화장실이 마음에 안 드는 학생이 또 있나요? 손을 들어보세요.

(몇몇 학생이 손을 들고 이름을 부르자 각자 왜 화장실이 싫은지 말한다.)

교사: 그렇군요. 그럼 화장실 말고 또 싫어하는 공간이 있나요?

학생 8: 야외 식당 공간이 좀 더러워서 별로예요.

교사: 그래요? 매일 청소하는데도 그런가요?

학생 8: 네, 학생들이 쓰레기를 쓰레기통에 잘 넣지 않아서 지저분해요. 청소하는 분들께 미안할 정도로요.

(몇몇 학생이 고개를 끄덕인다.)

교사: 각자 자기 쓰레기를 잘 수거해 버리면 그런 문제는 쉽게 해결될 텐데… 학생회에 건의해보는 게 좋겠네요.

자, 지금까지 여러분과 우리 학교에 있는 다양한 공간에 대해 생각하고 대화를 나눴습니다. 이제 여러분이 좋아하거나 혹은 싫어하는 그 공간을 각자 종이에 그려보세요. 그냥 스케치하듯 그리면 돼요. 상단에는 그 공간의 이름을 적으세요. 그러니까 체육관, 화장실, 교실 그렇게요. 선생님도 칠판에 그려보겠습니다.

(교사가 칠판에 도면같이 네모난 모양으로 체육관을 그리고 위쪽에 '체육관'이라고 적는다. 교사가 돌아다니면서 학생들이 잘 시도하고 있는지 살핀다. 진행 상태를 보면서 '좀 더 크게 그리세요', '공간 안에 구체적인 것은 아직 그리지 마세요', '공간의 이름이 뭐죠? 상단에 적으세요' 등의 코멘트를 해준다.)

교사: 자, 다음은 여러분이 기억하는 대로 그 공간에 무엇이 놓여 있는

지 그릴 차례입니다. 어디에 창문이나 출입문이 있는지, 어디에 싱크대가 있는지 그려보세요.

(학생들이 열심히 그림을 그린다. 질문이 있는 학생은 손을 들고 교사에게 물어본다. 몇몇 학생은 공간을 떠올리느라 골똘히 생각에 잠겨 있고, 몇몇 학생은 이야기를 주고받으며 킥킥거린다. 교사도 칠판에 그려놓은 네모난 도형 안에 농구대와 운동 기구들을 그린다.)

교사: 이제 여러분이 그린 그림을 보여주세요. (종이 한 장을 가슴 앞에 두 손으로 들고) 선생님이 볼 수 있게 이렇게 그림을 들고 있기 바랍니다.

(학생들이 주변에 있는 친구들의 그림을 보고 떠들기 시작한다. 서로의 그림을 보고 웃고 질문하면서 재미있어한다. 교사는 돌아다니면서 구체적인 코멘트를 하고, 모든 학생이 그린 것을 확인한 뒤 앞으로 돌아온다.)

교사: 이제 내려놓아도 좋습니다. 여러분, 우리는 이번 수업 시간에 공간에 대해 생각을 해보고 그림을 그렸어요. 앞으로 서너 번의 수업을 통해 그 공간을 어떻게 더 좋은 공간으로 만들 수 있을지 고민하고 생각해볼 겁니다.

지금부터 수업을 마칠 때까지, 그러니까 약 10분 동안 여러분은 같은 공간을 그린 사람끼리 모여 서로의 그림을 비교하면서 조금 더 현실에 맞게 수정해 그릴 겁니다. 갖고 있는 종이 뒷면에 새로 그려도 되고, 지금 그린 그림을 수정하거나 추가해도 됩니다. 이해합니까?

(학생들이 알겠다고 대답한다.)

교사: 같은 공간을 택한 친구들과 모여 앉으세요. 너무 시끄럽지 않게 이동하세요. 만약 같은 공간을 택한 친구가 없다면 그것도 괜찮아요. 그런 경우는 혼자 그림을 그려도 됩니다. 선생님이 파트너처럼 도울게요.

(학생들이 서로 어떤 공간을 택했는지 물어보며 자리를 옮겨 그룹을 형성한다. 책상에 모이는 학생들도 있고, 교실 바닥에 모여 앉기도 한다. 같은 공간을 그린 서로의 그림을 보며 빠진 부분을 채우거나 수정한다. 특정 장소를 선택해 그룹이 없는 학생이 소외감을 느끼지 않도록 교사가 해당 공간에 대해 이야기를 나눈다. 그룹별로 약 10분간 대화가 진행된다.)

교사: 자, 이제 다 각자 자리로 돌아가세요.

(학생들이 지시에 따른다.)

교사: 이제 다음 수업까지 여러분이 해야 할 숙제를 알려주겠습니다. 여러분이 선택한 공간을 직접 찾아가 그 공간의 정확한 규모, 그러니까 길이와 넓이를 파악하세요. 또 그곳에 비치된 기구나 물건, 벽이나 창문, 그리고 문 같은 구조(structure)를 잘 살펴보고 좀 더 정확한 도면을 그려 오세요. 이것이 여러분의 숙제입니다. 모눈종이(graph paper)를 이용하면 도움이 될 겁니다. 질문 있나요?

(학생들이 숙제를 언제까지 마쳐야 하는지, 오늘 그린 그림은 어떻게 해야 할지 질문한다. 교사가 숙제 마감일을 알려준다.)

교사: 네, 오늘 그린 그림도 당연히 잘 챙겨두세요. 우리가 앞으로 그릴 그림을 모두 모아 하나의 포트폴리오로 제출해야 하니까요. 나중에 포트폴리오를 만들 때 어떤 순서대로 그림을 정리할지 알려줄게요. 오늘 수업은 여기까지입니다. 각자 책상과 의자 잘 정돈하고 나가세요.

2차시

교사: (교실로 들어오는 학생들을 보며) 여러분, 오늘도 같은 공간을 그리는 사람끼리 함께 앉으세요.

(학생들이 대화를 나누며 공간에 따라 그룹을 만들어 앉는다.)

교사: 좋아요. 이제 각자 발전시켜온 그림을 같은 그룹에 있는 친구들 그림과 비교해보세요. 여러분, 어떤 것을 비교할 때는 항상 비교 기준이 있어야 합니다. 오늘은 정확성을 기준으로 서로의 그림을 평가해보기 바랍니다. 더 구체적으로 말하면 규모나 크기, 그리고 비치된 도구나 가구의 위치, 또 그런 장비들이 공간에 비해 비율이 맞는지 등을 평가해보세요.

여러분에게 약 5분을 주겠습니다. 서로의 그림을 평가하되 절대 비하하거나 비웃는 표현은 사용하지 마세요. 만약 친구의 그림에 이해가 안 가는 부분이 있다면 질문하고, 또 질문을 받은 사람은 구체적으로 설명하기 바랍니다. 선생님이 교실을 돌아다니며 여러분의 대화에 귀를 기울이겠습니다. 시작하세요.

(학생들이 대화를 나누며 이것저것 서로 질문하고 의견을 나눈다. 교사는 각 그룹의 대화에 귀를 기울이며 필요에 따라 답을 제공하거나 또 토론에 참여하고 추가 질문도 던진다. 약 5분 경과)

교사: 자, 여러분, 좋습니다. 옆에서 여러분의 대화를 들어보니 좋은 질문이 많이 오가더군요. 좋은 질문을 해야 좋은 답을 얻을 수 있다는 것 잘 알고 있죠? 그리고 선생님이 공통점 하나를 발견했어요. 같은 공간을 그린 그림들이 비슷하긴 하지만, 공간의 크기와 공간에 비치된 장비, 도구의 크기와 모양이 그린 사람마다 다 다르다는 거예요.

(학생들이 그렇다고 고개를 끄덕이거나 서로 수군거린다.)

여러분, 어떻게 하면 이 문제를 해결할 수 있을까요? 괜찮은 묘안이 있나요?

학생 9: (한 학생이 손을 들고) 모눈종이를 쓸 때 그 박스 하나하나가 몇 인치를 가리키는지 안다면 모두의 공간 규모가 똑같아질 것 같아요.

교사: 아주 좋은 생각이에요. 여러분, 그래서 지도나 전문가들의 도면을 보면 한편에 실물과 비교한 축척(scale)이 있어요. 저기 뒤에 있는 세계 지도를 한번 볼까요? 지도에 제일 가까이 있는 사람이 가

서 아래쪽에 나와 있는 축척을 모두에게 읽어주세요.

(학생들이 의자를 돌려 지도를 보고, 한 학생이 지도에 다가가 축척을 찾아 읽는다.)

교사: 네, 1:6,000,000으로 줄여서 그린 지도라는 뜻이에요. 이해가 되나요? 우리가 지구라는 실물을 있는 그대로 그릴 수 있나요? 불가능하죠. 그건 어떤 사람도 할 수 없어요. 지도든 도면이든 대부분 실물보다 작게 그릴 수밖에 없습니다. 그런데 기준이 없는 상태에서 지도나 도면을 그리면 그리는 사람마다 각각 다르게 그리겠죠. 그러면 크기를 가늠하거나 서로 비교할 수도 없을 거예요. 그래서 이런 도면이나 큰 공간 배치를 그릴 때는 꼭 비율과 축척이 필요합니다.

(한 학생이 손을 들고 교사가 이름을 부른다.)

학생 3: 우리 그룹은 체육관을 그렸어요. 제 그림과 이 친구의 그림을 보면 체육관의 넓이는 거의 비슷한데, 문제는 제가 그린 농구대가 너무 크다는 거예요. 구체적으로 그리고 싶은데 이렇게 넣으니까 뭔가 이상해요.

교사: 그 체육관 그림을 모두에게 보여줄래요? 다른 그룹을 찾아가 보여줘도 됩니다.

(학생 3이 돌아다니며 그림을 보여준다.)

교사: 아하, 그렇군요. 여러분은 어떻게 생각하죠?

학생 6: 농구대가 너무 커서 체육관에 다른 것을 둘 수 없겠어요. (웃음)

(다른 학생들도 체육관이 농구대로 꽉 차 보인다는 소감을 말한다.)

교사: 자, 그럼 여러분, 이 문제를 어떻게 해결할 수 있을까요?

(교실이 잠잠하다.)

교사: 깊이 생각해보세요. 답은 있습니다. 항상 답이 있다는 전제하에 문제에 접근하길 바랍니다. 그렇게 해야 해결책을 찾을 수 있답니다. 자, 여러분에게 1~2분의 시간을 주겠어요. 그룹별로 논의해보세요.

(학생들이 그룹별로 이야기를 나눈다.)

교사: 자, 그럼 여러분이 어떤 해결책을 찾았는지 발표하는 시간을 갖겠습니다. 자원할 사람 있나요?

(한 학생이 손을 든다.)

교사: 네, 발표해보세요.

학생 8: 우리 그룹은 농구대를 원래 모습대로 다 그리지 말고 농구대를 상징하는 어떤 아이콘을 사용하는 것이 좋겠다고 결론 내렸습니다.

교사: 와우, 아주 좋은 생각이에요. 그렇죠, 여러분. 우리가 서로 다 알아차릴 수 있는 어떤 아이콘을 쓴다면 서로의 그림에 대해 쉽게 알 수 있겠죠?

그런데 여러분, 누가 만들어 놓은 아이콘을 써야 할까요? 무슨 말인지 이해하나요? 그러니까 어떤 기준이 있어야 하지 않겠어요? 우리가 다 동의하고 사용할 수 있는 그런 공통의 아이콘요.

학생 5: 우리가 서로 대화하고 누구의 것이 더 좋은지 결정할 수 있다고 생각해요.

교사: 가능합니다. 하지만 그런 아이콘은 이 수업을 듣는 학생들 사이에서만 사용할 수 있을 거예요. 그런데 다른 학년 학생들이나 아니면 다른 학교, 또 다른 나라에선 우리의 아이콘을 우리가 정한 대로 이해하거나 받아들일 수 있을까요?

(교실이 잠잠하다.)

교사: 지금 여러분에게 매우 중대한 질문을 하고 있습니다. 여러분이 답하기 쉽지 않다는 것도 잘 압니다. 자, 그래서 여러분에게 다음과 같은 도면을 보여주겠습니다.

(교사가 프로그램을 사용해 만든 교실 도면을 스크린에 띄운다. 몇몇 학생이 '저런 거 본 적 있어'라고 반응한다.)

교사: 이제 여러분이 선생님이 말한 내용을 이해했을 거라 생각해요. 이 작은 도면 안에 이 교실의 모든 것이 정확한 비율로 담겨 있습니다. 물론 우리가 건축가처럼 이런 전문가 수준의 설계 도면을 만들 수는 없어요. 하지만 어떻게 접근하는지는 알 수 있죠.
자, 그럼 먼저 여러분이 이런 도면을 그릴 수 있게 도와줄 소프트웨어나 앱에 대해 인터넷에서 검색하기로 하죠. Okay?

(학생들이 각자 컴퓨터를 꺼내 인터넷에 접속한다. 약 1~2분 소요)

교사: 스크린에 여러분이 사용할 만한 앱을 적어놓았어요. 여러분이 직접 이 웹사이트들을 방문해보고 어떤 것이 사용하기 편하고 쉬운지 직접 판단해보세요. 이것들 외에 다른 것을 검색해 찾아도 괜찮습니다. 약 10분 후에 왜 특정 사이트나 앱이 사용하기 좋다고 판단했는지 함께 이야기해보기로 하죠. 시작하세요.

(학생들이 각자 웹사이트에 접속한다. 사용할 만한 프로그램을 찾아보고 앱을 통해 자신의 도면을 그려보기도 한다. 교사는 교실을 돌아다니며 학생들을 돕거나 질문에 답한다. 학생들이 서로 묻고 답하면서 자신이 찾은 앱을 다른 학생에게 소개하기도 한다. 약 10분 소요)

교사: 자, 이제 어떤 앱과 사이트를 선택했는지 알려주세요.

학생1: 저기 두 번째 있는 거요. 숫자를 입력하면 알아서 형태가 나와서 무척 편리해요.

교사: 좋습니다. 또 다른 툴을 택한 사람 있나요?

학생8: 저는 이거요. 인테리어 유튜브 통해서 찾았어요. 3차원까지 같이 볼 수 있어서 실감 나요.

교사: 그것도 좋네요. 사이트 함께 공유해주세요.

(학생들이 이어서 몇몇 사이트를 이야기한다.)

교사: 좋습니다. 그런데 여러분, 거의 모든 사이트가 문과 창문, 기구를 특정한 기호(symbol)로 표시하는 걸 파악했나요?

(학생들이 사이트에서 발견한 기호를 말한다.)

교사: 네, 맞아요. 그런 기호 덕에 여러분이 도면을 보다 쉽게 만들 수 있고, 또 그 도면을 다른 사람도 쉽게 이해할 수 있습니다. 축척도 마찬가지고요. 그래서 모두가 동의할 수 있는 일관성 있는 기준, 스탠더드가 필요한 겁니다. 어때요, 여러분? 이런 앱을 이용해 여러분이 손으로 그린 도면을 모두가 알아볼 수 있게 그려볼 수 있겠어요?

(학생들이 앞다투어 멋진 도면을 그릴 수 있다고 장담한다.)

교사: 아주 좋습니다. 그럼 다음 수업까지 여러분이 선택한 공간 도면을 앱 등을 활용해 다시 그려 오세요. 수업에는 인쇄한 것 한 장만 갖고 오면 됩니다. 하지만 다음 수업 전까지 선생님에게 이메일로 파일을 첨부해 보내야 해요! 이 점 잊지 마세요. 그럼 다음 시간에 만나요. 주변 정리 잘하고 나가세요.

3~5차시 수업

학생들이 소프트웨어를 활용해 만든 도면을 놓고 한 차원 깊게 분석하고 대화하는 시간을 갖는다. 도면을 통해 공간에 대해 충분히 이해한 뒤, 그 공간을 마음대로 개조할 수 있다면 어떻게 할 것인가 하는 상황을 제시한다. 각자 생각해 본 뒤, 그룹에서 의논해 개조의 방향을 정하도록 한다. 개조의 목적을 정하고 이를 창의적으로 표현하는 시도를 한다. 같은 크기, 같은 용도의 동일한 공간을 새로 디자인해보는 것이다. 먼저 손으로 스케치한 다음, 소프트웨어를 이용해 새로운 도면을 만든다.

이 과정에서 공간을 보다 마음에 드는 공간, 더 나은 공간으로 만들기 위해 어떤 장치가 필요한지 계속 생각하고 논의해본다. 학생들은 아이디어를 구체화해 새 도면을 만들고, 이를 프레젠테이션 해서 다른 그룹을 설득해 동의를 얻는 시도도 이어간다. 결과적으로 학생들은 단순히 자신이 원하는 대로 개조한 공간과 보다 좋은 공간의 차이를 인식할 수 있다. 더 나아가 창의적 시도와 환경의 제약, 타당성, 효율성, 가능성 등을 고려하는 경험을 할 수 있다.

디자인 수업 교안	
수업 대상	6~8학년(한국의 중학교 1~3학년에 해당)
수업 주제	공간 디자인
수업 기간	5차시
수업 목표	– 학생들이 기술과 디자인이라는 맥락 아래 창의력을 발휘하게 이끈다. – 창의력(creativity)과 한계(limitation)의 관계에 대해 살피고, 비판적 사고 과정을 통해 문제점을 발견한 다음 그 해결책을 찾도록 안내한다. – 공간 디자인 수업을 통해 현실(reality)과 이상(ideal) 간의 괴리를 이해하고, 적절한 타협점에 도달하게 유도한다. 이상에 가까우면서도 현실적인 해결책을 찾는 자세를 추구하도록 한다. – 일련의 과정을 통해 기존 공간이 누군가가 고민한 결과임을 인지한다.

이 수업에서 다루는 IB 디자인 과목의 개념	적응(adaptation) 협력(collaboration) 평가(evaluation) 형체(form) 기능(function) 혁신(innovation) 관점(perspective) 자원(resources)
준비물	종이, 모눈종이, 필기도구, 컴퓨터, 공간 디자인 관련 앱과 소프트웨어
장소	교실, 모둠별로 협업할 수 있는 공간
수업 전략	– 대다수 학생이 주어진 공간에 대해 깊은 고민이나 별다른 의견이 없다. 어떤 공간이나 시설을 왜 지금의 용도로 사용하기로 정했는지, 또 왜 그런 가구나 기구가 비치되어 있는지, 누가 사용하기에 가장 적절한지 생각해볼 계기가 없었기 때문이다. 이에 대해 환기하면서 공간을 디자인할 때 꼭 고려해야 하는 결정적 요소나 장애물은 무엇인지 생각해본다. – 수업을 통해 공간 디자인에 대해 깊이 생각하고 토론한 뒤, 학교의 한 공간을 선택해 그 공간의 이용 효율을 높일 수 있도록 각자 창의적으로 디자인해본다. – 각자 만든 공간 디자인을 계속 수정해 발전시킨다. 다른 학생과 협업하면서 문제점을 발견하고 해결책을 찾아보고, 문제 해결이 필요할 때는 표준이나 기준에 대해 먼저 생각해야 함을 설명한다.
수업 개요	• 사전 지식 활성화(Activate Prior Knowledge) – 질문과 대화를 통해 도면과 관련된 학생의 사전 지식 및 경험을 파악한다. • 직접 지도(Direct Instruction) – 다양한 학교 공간에 대해 알고 있는 바를 함께 이야기해본다. 좋아하거나 싫어하는 공간과 그 이유에 대해서도 밝힌다. – 각자 선택한 공간의 도면을 직접 그려보고, 동일한 공간을 그린 학생들이 서로의 도면을 비교하고 평가한다. – 비교와 평가를 통해 각 도면의 문제점을 발견하고 해결책을 논의한다.

수업 개요	– 문제 해결을 위해 표준이나 기준을 먼저 확인하도록 한다. – 도면을 발전시켜 프로토타입을 만들어본다. – 각자 숙제와 다음 차시 수업을 통해 도면을 더 정교하게 발전시킨다. • 교사의 지도하에 연습(Guided Practice) – 모눈종이를 이용해 스케일이 맞게 제작하면서 표준화된 도면의 　필요를 깨닫는다. – 다양한 앱을 찾아 컴퓨터로 도면을 제작하는 법을 배운다. 가구나 　기구, 문, 창문 같은 아이템을 추가해 더 전문성 있는 도면을 만든다. – 앞서 만든 도면 공간에 학생의 아이디어를 담아 원하는 대로 개조하고, 　그 도면을 새롭게 제작한다. – 개조한 도면에 대해 발표하고 토론한다. 그 개조가 가능한지 　불가능한지, 혹은 좋은 아이디어인지 그렇지 못한지 등을 함께 　토론하고 생각해본다. • 마지막 수업을 통해 짚어볼 내용 – 왜 100% 원하는 대로 공간을 개조할 수 없나? – 기존의 레이아웃이나 공간 사용은 효율적인가 비효율적인가? – 공간의 한계, 개조할 수 없는 부분이란 무엇인가? – 수리나 개조를 진행할 때 필요한 예산, 임시 공간, 안전과 관련된 　건축법은 무엇인가?
평가와 반영	– 총 수업 시간이 적절했는가? 시간이 더 필요했는가? – 학생들의 피드백은 어땠는가? 어떤 과정을 좋아했고 어떤 과정을 　싫어했는가? – 도면을 여러 차례 수정하며 선택한 공간의 사용법에 대해 알게 된 점은 　무엇인가? – 수업에 필요한 도구가 충분했는가? – 앱이나 소프트웨어를 사용할 때 문제는 없었는가? – 팀을 구성하거나 모둠을 만들 때 학생들 사이에 문제나 이슈는 　없었는가? – 현실적이면서 이상적인 해결책을 찾기 위해 어떤 자세가 필요한가?

4. 축구 규칙과 팀 스포츠의 이해[5]

교사: 자, 다들 모였죠? 준비운동으로 몸을 데우고 시작할게요. 자, 몇 분간 조깅을 하세요. 시작!

(학생들이 체육관 트랙을 천천히 뛴다.)

교사: (뛰고 있는 학생들을 향해) 지금 중요한 건 계속 뛰는 겁니다. 절대 걷지 마세요. 천천히 뛰어도 괜찮지만 두 발이 다 땅에 닿으면 안 됩니다. 뛰어야 해요. 그래야 여러분의 심박수가 올라갑니다. 혹시 음악이 필요한가요?

(몇몇 학생이 '좋아요,' '제발요'라고 반응하자, 교사가 조깅에 어울리는 빠른 노래를 틀어준다. 학생들이 조금 더 속도를 올려 달린다. 3~4분 소요)

교사: 갑자기 멈추지 말고 약 1분간 빠른 느낌으로 걸으면서 속도를 조절하세요. 숨을 가다듬으면서 심박수를 천천히 줄이세요.

(약 1분 후)

교사: 이제 다 모이세요. 오늘 수업을 통해 여러분이 무엇을 할지 알려주겠습니다. 여러분 축구 좋아하죠? 쉬는 시간에 축구를 많이 하더군요.

(학생들이 '축구'라는 소리에 바로 반응한다. 특히 남학생들은 '예스!'라 외

---

5 6학년 체육 수업으로 담당 교사는 매디슨 윌리엄스(Madisen Williams)다.

치며 좋아서 어쩔 줄 모른다.)

교사: 자자, 진정하세요. (웃음) 네, 축구를 할 겁니다. 그런데 생각보다 축구 규칙에 대해 잘 모르는 친구들이 많더군요. 그래서 앞으로 6주에 걸쳐 축구의 필수 규칙과 기본 기술에 대해 알아보고, 이를 직접 몸으로 해보며 배울 겁니다. 그런 다음 풋살처럼 5명씩 팀을 짜서 시합을 해보고, 그다음엔 7명으로, 그다음엔 9명으로, 마지막엔 11명으로 팀을 만들어 직접 시합을 할 겁니다.

(몇몇 학생이 손을 들어 의견이 있음을 표시한다. 교사가 한 학생의 이름을 부른다.)

학생 1(Sam): 저는 클럽에서 축구를 해서 축구 규칙에 대해 잘 아는데요.

(옆에 있던 Ayden이 자신도 마찬가지라고 말한다.)

교사: 네, 그런 사람이 있을 거예요. 그럼 축구에 대한 지식과 경험이 풍부한 두 사람이 선생님의 조교가 되어서 다른 친구들을 도와 줘요. 괜찮은가요?

(Sam과 Ayden이 고개를 끄덕이며 동의를 표한다.)

교사: 축구 경험이 있는 다른 친구들은 다음 시간에 조교가 되어주세요. 괜찮은가요?

(다른 학생들이 동의를 표한다.)

좋습니다. 다 자리에 앉으세요.

(학생들이 체육관 바닥에 편하게 앉는다.)

교사:　그럼 먼저 우리가 축구에 대해 얼마나 알고 있는지 사전 지식을 체크해보죠.

(몇몇 학생이 자신 있다고 말한다.)

교사:　쉿, 집중하세요. 축구의 목표는 무엇인가요?

(학생 모두가 손을 든다. 교사가 한 학생을 지목한다.)

학생 2:　이기는 거죠. (웃음)

학생 4:　네, 골을 다른 팀보다 더 많이 넣어야 합니다.

교사:　그게 모든 스포츠의 목표죠. 그런데 축구는 혹시 다른 목표도 있을까요? 최종적으로 이기기 위해 먼저 이뤄야 하는 작은 목표 같은 거요.

(몇몇 학생이 손을 들고 교사가 한 학생의 이름을 부른다.)

학생 7:　이기려면 팀워크가 중요합니다.

교사:　빙고! 그렇죠. 팀워크가 중요합니다. 축구는 혼자 하는 운동이 아니잖아요. 서로 협력해야만 가능하죠. 축구의 특징에 또 뭐가 있을까요?

학생 9:　팀워크도 중요하지만 선수 개개인의 체력도 중요하다고 생각합니다. 축구 선수들은 몇 시간씩 계속 뛰는 것 같던데요.

학생 3:　맞아. 진짜 시합에선 전반 45분, 후반 45분을 뛰어.

학생 10:　그건 프로들이 하는 거고. 우리는 전반 후반 25분씩 뛰면 돼.

학생 6:　농구나 배구같이 타임아웃도 없어요.

학생 5: 추가 시간(stoppage time)도 있던데. 주말에 프리미어리그 게임을 봤는데, 손흥민 알지? 그 한국 선수가 토트넘 주장인데 리버풀과 게임을 했어. 그런데 전반 45분 끝나고 3~4분 더 뛰고, 또 후반 45분 끝나고 한 5분 더 뛰더라고. 다 합치면 거의 100분이야.

학생 8: 토트 뭐라고? 프리미어리그가 뭐야?

학생 10: 영국 프로 축구 리그야.

(교사는 이런 발언을 일일이 제지하지 않고, 지나치게 소란스럽거나 주제에서 동떨어진 내용으로 흐르지 않게 가끔 주위를 환기시킨다. 학생들의 다양한 발언에 '그렇구나', '맞아요' 등의 긍정적인 반응을 하며 시간을 준다.)

교사: 좋아요, 여러분. 이제 주목하세요. 우리 중에는 축구에 대해 많이 아는 이들이 있어요. 반대로 축구에 대해 잘 모르는 이들도 있어요. 축구 기술도 마찬가지일 겁니다. 예를 들어 축구공을 골대로 강력하게 차 넣을 수 있는 사람이 있는가 하면, 축구공을 굴리는 것조차 어려운 사람이 있을 겁니다. 이는 각자의 관심이나 환경에 따라 다르니 아주 자연스러운 거고요.

여러분, 무엇을 하든지 타인을 배려해야 한다는 걸 꼭 기억하기 바랍니다. 축구를 잘한다고, 혹은 축구에 대한 지식이 더 많다고, 그렇지 못한 사람 앞에서 우쭐대면 안 됩니다. 여러분이 축구를 아무리 잘해도 여러분보다 축구를 잘하는 사람은 매우 많습니다. 그러니까 타인을 업신여기거나 비하하는 말을 쓰면 안 됩니다. 자, 성경에서 말하는 '황금률'이 무엇인가요?

학생 2: 무엇이든지 남에게 대접받고자 하는 대로 너희도 남을 대접하라는 예수님의 가르침이요.

교사: 맞습니다. 축구에도 그걸 적용하세요. 여러분보다 축구를 더 잘하는 사람에게 무시당하고 싶지 않다면, 여러분도 여러분보다 축구를 좀 못하는 사람을 무시하면 안 됩니다. 더 잘하고 더 많이 아는 사람이 그렇지 못한 사람을 돕고 가르쳐줘야 해요.

학생 1(Sam): 저와 Ayden이 그렇게 하겠습니다.

(학생들이 웃는다.)

교사: 고마워요, Sam. 여기서 포인트는 우리가 겸손해야 한다는 말입니다. 무슨 일을 하든지 우리보다 더 잘하는 사람도 있고, 좀 못하는 사람도 있음을 잊지 마세요. 자, 이제 축구의 몇 가지 규칙에 대해 배우겠어요. 다들 일어나세요.

(학생들이 일어나며 시끌벅적 떠든다.)

교사: Sam, Ayden, 앞으로 나와보세요.

(두 학생이 앞으로 나온다.)

교사: 축구를 많이 안 해본 사람은 축구공을 잡으면 일단 골대를 향해 차려고 하지만, 골대로 가까이 가기까지 제대로 해야 할 사항이 많아요. 오늘은 가장 기본적인 기술인 발로 공을 차 땅볼로 다른 사람에게 공을 전달하는 것을 배우겠어요. 이것을 '패스'라고 합

니다. 다들 따라 해보세요. 패스!

학생들: 패스!

교사: OK. 축구는 우리 몸의 어떤 부위를 가장 많이 쓰는 운동인가요?

학생들: 발요.

교사: 그렇죠. 주로 발을 사용합니다. 골키퍼를 제외한 선수들은 팔과 손은 거의 사용하지 않습니다. 여기 Sam과 Ayden이 축구공을 발로 주고받는 걸 보세요.

(교사가 공을 Sam에게 던진다. Sam은 발을 사용해 공을 받아서 발 아래 놓는다.)

교사: 다 잘 보았죠? Sam, 이번에는 Ayden에게 땅볼로 패스해보세요.

(Sam이 패스하자 Ayden이 발로 공을 받아 발 사이에 둔다.)

교사: (두 학생에게) 몇 번 그렇게 공을 주고받아보세요.

(두 학생이 자연스럽게 시범을 보여준다.)

교사: 잘 보았죠? 이게 바로 축구의 기본 패스입니다. 그런데 게임 중 고의로 팔이나 손을 사용해 공을 터치하면 파울이 됩니다. 그러면 공을 상대 팀에게 넘겨줘야 해요. Sam, 공을 Ayden의 몸통 부분으로 차보세요. Ayden은 팔이나 손으로 공을 터치해보세요.

(두 학생이 시범을 보인다.)

교사: 방금 Ayden이 한 것이 '핸들링 파울'이에요. 이해됩니까? (두 학생을 보며) 몇 차례 더 해주겠어요?

(두 학생이 계속 진행하자 다른 학생들이 고개를 끄덕이며 알겠다고 한다.)

교사: 핸들링에 대해선 나중에 더 자세히 설명할게요. 지금은 손과 팔을 고의로 사용할 수 없다고 기억하면 됩니다. 따라 해보세요, 고의로 손과 팔을 사용할 수 없다.

학생들: 고의로 손과 팔을 사용할 수 없다!

교사: 좋습니다. 그럼 이제 축구 경험이 있는 학생들, 손 들어보세요. 이쪽으로 서세요. 여러분은 이제 축구에 대해 잘 모르는 학생을 찾아가 파트너로 정하세요. 둘씩 조를 짜는 겁니다.

(학생들이 둘씩 조를 짠다. 교사는 그 과정을 세심하게 지켜보며 규칙과 다르게 친한 친구를 찾아가지 않게 하고, 학생들 중 누구도 소외되지 않도록 돕고 조율한다.)

교사: 모두 파트너를 만났죠. 이쪽 줄과 저쪽 줄에 파트너가 서로 바라보며 서세요.

(학생들이 체육관 양쪽에 서로를 바라보며 서 있다.)

교사: 옆 사람과 오른편, 왼편 각각 1미터 정도 거리를 두세요.

학생 4: 미터요? 피트(feet)가 아니고요?

교사: 오, 좋아요! 선생님이 '미터'란 단위를 쓴 것을 알아차리다니 훌륭합니다. 여러분, 집중하세요! 축구는 국제적인 스포츠입니다. 그래서 미터법(metric system)을 사용합니다. 즉 센티미터, 미터, 그리고 킬로미터를 단위로 사용하는 거지요. 축구를 제대로 배

우기 위해 국제적 기준을 먼저 배우고, 나중에 지역 규칙에 대해 배우겠습니다.

자, 돌아가서 1미터는 3피트가 좀 넘어요. 양쪽에 각각 그 정도의 거리를 두세요.

(학생들이 팔을 뻗으며 간격을 조절한다.)

교사: 이제 각 조의 한 명에게 축구공을 주겠습니다. 공을 받은 사람은 기다리세요. 조교들, 이쪽 친구들에게 축구공을 하나씩 나눠주세요.

(교사가 조교들에게 축구공이 든 그물 가방을 주고, 이들은 공을 꺼내 차례차례 나눠준다.)

교사: (휘슬을 불고) 이제 파트너끼리 발로 공을 주고받을 거예요. 공이 체육관 바닥에 굴러가게 차세요. 앞서 Sam과 Ayden이 한 것처럼요. 시작하세요!

(학생들이 공을 차기 시작한다. 공이 제대로 바닥에 굴러가게 차는 학생도 있고, 그렇지 못한 학생도 있다. 약 5분 경과)

교사: (휘슬을 불고) 그만! (학생들을 지켜보다 한 조에 손을 흔들며) 선생님이 휘슬을 불어도 손으로 공을 잡지 마세요. 꼭 발로만 하세요. 손과 발은 어떻게 해야 한다고 아까 말했죠?

(학생들이 '고의로 손과 팔을 사용할 수 없다'라고 합창한다.)

교사: 네, 맞아요. 만약 고의로 손과 팔을 공에 대면 파울을 범하는 거

고, 그러면 공, 그러니까 공격권이 상대 팀으로 넘어갑니다. 게다가 그런 파울을 반복해 범하면 퇴장을 당할 수 있습니다.

(한 학생이 손을 들자 교사가 이름을 부른다.)

학생 9: 주말에 제가 참가한 게임에서 우리 팀 선수가 중간에 퇴장당했어요.

교사: 그래요? 그래서 어떻게 되었나요?

학생 9: 우리 팀은 한 명이 모자란 숫자로 게임을 마쳤어요.

교사: 다들 들었나요? 한 선수가 퇴장당하면 그 팀은 교체 선수를 투입할 수 없어요. 이게 축구의 독특한 규칙 중 하나랍니다. 농구는 그렇지 않다는 걸 우리 몇 주 전에 배웠죠?

학생들: 네.

교사: 좋습니다. 그럼 이제 고의적 핸들링 파울이 무엇인지 보여줄게요.

(교사가 Ayden을 불러 몇 가지를 지시하고 공을 던지면 Ayden이 팔을 사용해 공을 받는다.)

교사: 바로 저런 게 고의적 핸들링 파울입니다. 몇 번 더 해볼게요.

(교사가 왼쪽, 오른쪽, 높게, 낮게 등 방향을 바꿔가며 Ayden에게 공을 던진다. Ayden이 손과 팔로 공을 컨트롤한다.)

교사: 잘 이해하겠죠? 그럼 이렇게 생각할 수 있을 거예요. 나는 공을 손이나 팔로 잡을 의도가 없었는데 손이 닿는 경우는 어떡하지?

(몇몇 학생이 고개를 끄덕인다.)

교사: 고의가 아닌 경우는 손과 팔이 닿아도 반칙이 아닙니다. 자, 예를 보여줄게요.

(교사가 Ayden에게 다른 곳을 보라고 하고 공을 던져 그의 손과 팔에 닿게 한다.)

교사: 보았나요? 공이 날아갈 때 Ayden은 손과 팔을 움직이지 않았어요. 그런데 공이 손이나 팔에 닿았죠. 이건 고의가 아닙니다. 그럴 때는 심판이 휘슬을 불지 않고 계속 게임이 진행됩니다. 이런 건 핸들링 파울이 아니에요. 알겠죠?

(학생들이 '아하' 등의 반응을 보이며 알겠다고 한다.)

교사: 그럼 발로 패스하는 것에 대해 설명하고 연습한 뒤 오늘 수업을 마치겠어요. 선생님이 보니 여러분 다수가 공을 발가락으로 차고 있어요. 그런데 신발은 평평하지 않고 울퉁불퉁하죠? 그래서 공을 똑바로, 원하는 방향대로 차기 어려워요. 그래서 여기 실력 있는 조교들처럼 발목 안쪽을 사용해서 공을 차면 공이 원하는 방향으로 잘 굴러갑니다.

(Sam과 Ayden에게 패스하라고 지시하자 둘이 능숙하게 패스 장면을 보여준다.)

교사: 다른 걸 알겠죠? 그러려면 발을 컨트롤해야 합니다. 그리고 또 하나, 공의 아랫부분을 차면 공이 공중에 뜨게 됩니다.

(교사가 Sam과 Ayden에게 공의 하단을 차보라고 지시하고, 둘이 공을 차서 공중에 띄운다.)

교사: 이제 공의 중간이나 상단을 차면 공이 어떻게 가는지 보세요.

(Sam과 Ayden이 공의 중앙과 윗부분을 차서 앞으로 보낸다.)

교사: 보았죠? 그래야 공이 땅볼로 갑니다. 공이 공중에 뜨면, 특히 배꼽 위로 뜨면 손과 팔에 맞을 확률이 높아지죠. 자칫하면 핸들링 파울로 공격권을 상대 팀에게 넘겨주게 됩니다. 자, 이제 각자 자리에 서서 20번씩 공을 땅볼로 패스해 주고받겠습니다. Sam과 Ayden, 정말 큰 도움이 됐어요. 고마워요.

(학생들이 박수를 쳐주고, 두 학생이 자리로 돌아간다.)

(학생들이 패스를 시도한다. 잘하는 학생들도 있고, 잘 못하는 학생들도 있다. 교사는 돌아다니며 각 학생에게 필요한 것을 알려준다. 그렇게 약 7분간 학생들이 서로 패스를 익히고 이해하게 한다.)

교사: (휘슬을 분다. 체육관 한편을 가리키며) 그쪽 벽에 일렬로 서세요. 1조부터 공을 갖고 앞으로 나오세요.

(두 학생이 앞으로 나온다.)

교사: 이제 둘이 패스를 해보세요.

(두 학생이 패스를 몇 차례 연결한다.)

교사: 좋아요, 잘했어요. 이제 다음 2조 나오세요.

(두 학생이 앞으로 나온다. 교사는 이런 식으로 전체 학생들의 패스를 살펴

본다. 실수가 많은 팀은 발목을 제대로 사용하는 방법을 알려주고, 공을 받는 방법도 구체적으로 보여준다.)

교사: (패스하는 것을 어려워하는 학생을 격려하다 다른 학생들에게) 자, 모두 응원을 보내주는 게 어떨까요?

(학생들이 소리를 높여 응원하고 자신들의 팁을 전달한다. 이들은 개인 연습을 해보겠다고 한다.)

교사: 자, 이제 곧 수업이 끝납니다. 오늘 우리가 무엇을 배웠는지 말해 볼 사람 있나요?

학생 3: 축구는 미터법을 사용해요.

학생 7: 손과 팔을 고의로 사용하면 핸들링 파울이 돼요.

학생 9: 파울로 퇴장당하면 대체 선수 없이 경기해요.

교사: 네, 좋습니다. 오늘 여러분은 서로 협력해야 한다는 것도 배웠어요. 축구는 한 사람만 잘한다고 승리할 수 없어요. 손흥민이나 엘링 홀란(Erling Haaland) 같은 슈퍼스타가 있지요. 그렇지만 이들도 다른 선수들이 뒷받침해주지 않으면 게임을 승리로 이끌 수 없습니다. 그래서 여러분은 실력이나 기술이 부족한 친구를 도와줘야 합니다. 비단 축구나 체육 수업만이 아니라 다른 수업에서도, 또 학교 밖의 다른 상황에서도 타인을 잘 돕는 여러분이 되길 바랍니다. 이제 숙제를 알려주겠습니다.

학생들: (깜짝 놀라며) 숙제요?

(여기저기서 실망의 탄성이 들린다.)

교사: 알아요. 보통은 선생님이 숙제를 주지 않죠. 하지만 오늘은 숙제가 있습니다. 대신 간단해요. 내일까지 축구의 반칙 5개를 찾고 각 반칙의 정의를 써서 제출하세요. 오늘 수업에서 '핸들링' 반칙에 대해 배웠죠? 그러니까 핸들링을 제외한 5개를 찾아야 합니다. 축구에 대해 잘 모르는 사람은 잘 아는 친구에게 물어봐도 좋습니다. 또 부모님이나 형제자매, 우리 학교 축구부 선배를 찾아가 물어봐도 되고요. 인터넷 검색도 가능하지만, 부모님 허락 없이 컴퓨터를 사용하는 건 안 됩니다. 다 이해했죠?

학생들: 네.

교사: 그럼 이제 모두 일어나 마지막 스트레칭을 할게요.

(항상 진행하는 스트레칭을 약 2분 동안 한 뒤 수업을 마친다.)

체육 수업 교안	
수업 대상	5~6학년(한국의 초등학교 5~6학년에 해당)
수업 주제	축구와 협력
수업 기간	6주
수업 목표	- 축구의 규칙과 기본 기술에 대해 이해한다. - 팀을 구성하고 기본 기술을 사용할 때 타인을 존중해야 한다는 사실을 배운다.

수업 목표	– 팀 스포츠의 작동 원리를 이해하고, 실력이 뛰어난 학생이 부족한 학생을 돕게 해 타인에 대한 배려를 배운다. – 축구 실력 향상을 측정하고, 축구를 통해 건강을 유지하며, 미래에도 축구를 보고 참여하고 즐기도록 유도한다.
이 수업에서 다루는 IB 체육 과목의 개념	적응(adaptation) 균형(balance) 선택(choice) 기능(function) 상호작용(interaction) 동작(movement) 관점(perspective) 정교화(refinement)
준비물	축구공, 팀 조끼(sports pinnies), 컬러콘, 호루라기, 골대
장소	운동장이나 체육관 등 축구를 할 수 있게 확보된 공간
수업 전략	– 많은 학생들이 축구에 대해 잘 안다고 생각하지만 대다수는 단순히 공을 멀리 차거나 골에 넣는 것이 축구라고 여긴다. 따라서 축구의 기본 규칙과 기술에 대해 먼저 설명하고, 축구와 관련된 용어를 알려준다. – 축구는 대표적인 팀 스포츠로, 팀의 일원으로 협력해 서로 지원하는 것에 대해 배워야 한다. 팀이나 조를 구성할 때 실력이 부족한 학생이나 수줍음이 많은 학생이 소외되지 않도록 교사가 미리 설계하고 모든 학생이 동참할 수 있게 한다. – 승부도 중요하지만 배려와 에티켓이 기본임을 알려준다. – 웰빙과 건강한 신체가 마음과 생각에 미치는 긍정적인 영향을 알려주고, 축구를 통해 건강을 도모할 수 있게 지도한다. – 대표적인 국제 스포츠인 축구의 글로벌 영향력에 대해 알려준다.
수업 개요	– 수업 시작하기 전 연령에 맞는 스트레칭을 한다. – 스트레칭 후 3~4분간 조깅을 통해 심박수를 올린다. • 사전 지식 활성화(Activate Prior Knowledge) – 질문과 대화를 통해 축구와 관련된 학생의 사전 지식 및 경험을

수업 개요	파악한다. 축구를 해본 경험이 있거나 기본 기술에 대해 잘 알고 있는 학생을 교사의 조교(helper)로 지정한다. – 연습할 때 조교 학생이 축구 실력이 부족한 학생을 돕게 한다. 조교가 장비를 준비하고 운반하도록 한다. • 직접 지도(Direct Instruction) – 드리블, 패스, 스로인, 코너킥, 페널티킥 등에 대해 설명하고 시범을 보여주고, 직접 해보도록 한다. 이때 축구 경기 동영상을 활용할 수 있다. • 교사 지도하에 연습(Guided Practice) – 학생들이 2인 1조로 패스를 주고받게 한다. 학생수가 홀수라면 마지막 세 학생이 삼각형을 만들어 공을 서로에게 패스하게 한다. 한 학생도 파트너가 없어 소외되지 않도록 사전에 준비한다. – 작은 규모의 게임을 치르게 한다. 이때 교사가 심판 역할을 하며, 규칙을 어길 때 휘슬을 불고 구체적으로 알려준다. – 시간이 허락하면 5:5, 7:7, 11:11 게임을 시도한다. – 스트레칭으로 마무리한다.
평가와 반영	– 총 레슨 시간이 적절했는가? – 학생들은 무엇을 좋아했고 무엇을 싫어했는가? – 축구를 배우며 웰빙에 더 긍정적인 태도를 갖게 된 학생이 있는가? – 수업 공간은 충분했는가? – 레슨에 필요한 도구 및 장비는 충분했는가? – 축구 규칙에 관한 퀴즈나 시험을 통해 학생들의 지식을 검증했는가? – 조교의 지정과 역할은 효율적이었는가? – 팀을 짜거나 조를 만들 때 학생들 사이에 문제나 이슈가 없었는가? 혹시 있었다면 이를 어떻게 해결했는가? – 학생 모두 충분한 활동이 있었는가? – 부상이 있었는가? 혹시 있었다면 어떻게 처리했는가? – 구급상자와 아이스팩이 더 필요한가?

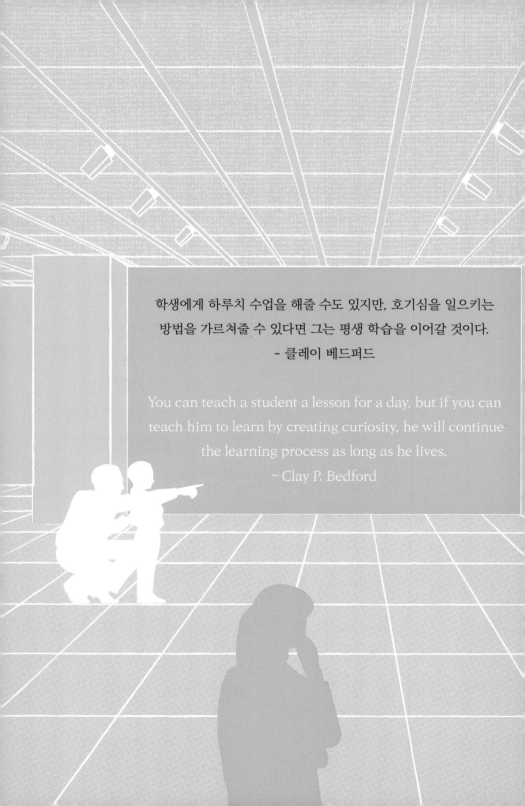

학생에게 하루치 수업을 해줄 수도 있지만, 호기심을 일으키는
방법을 가르쳐줄 수 있다면 그는 평생 학습을 이어갈 것이다.
- 클레이 베드퍼드

You can teach a student a lesson for a day, but if you can
teach him to learn by creating curiosity, he will continue
the learning process as long as he lives.
– Clay P. Bedford

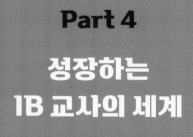

Part 4

**성장하는
IB 교사의 세계**

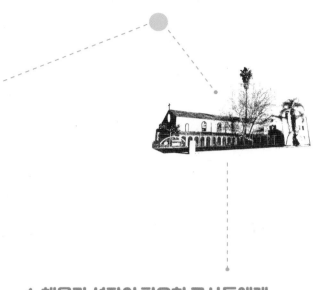

1. 채움과 성장이 필요한 교사들에게

IB 교육의 장점에 대해 이야기하다 보면 빠지지 않는 질문이 있다. 이런 교육을 한 번도 경험하지 못한 교사들이 이런 이상적인 교육을 제대로 안내할 수 있느냐는 것이다. IB 교육은 교육의 목적을 바라보는 철학적 관점부터 다시 접근하라고 권유하는데, 일반인은 물론 교사 입장에서도 이를 어떻게 구현할지 막막하다고 말한다. 결론부터 이야기하면 IB 교육의 영향을 받는 것은 학생만이 아니다. IB 교육은 좋은 교육을 고민하고 궁리하는 교사를 변화시키고 성장시키는 탁월한 시스템이다.

많은 분야가 그렇지만 교사라는 직업은 특히 20대에 배운 것만으로 그 역할을 지속적으로 수행하기 어렵다. 교사는 학생과 더불어 교육의 핵심 요소이자 주체지만 동시에 소모되기 쉽고 관성화되기 아주 쉬운 포지션이다. 세상은 빠르게 변화하고 매일 자라는 아이들은 변화의 최전선에 있다. 나는 가끔 변화의 물결 가장 뒤쪽에 교사 그룹이 서 있는 것은 아닌가 하는 걱정과 의심이 든다. 가르치는 일에 책임감과 열정을 가진 교사들은 학위 과정을 통해 교수법을 업그레이드하고, 과목 그룹을 구성해 심층적인 교과 연구를 이어가기도 한다. 하지만 적지 않은 교사들이 이를 실행하고 유지하기가 퍽 어렵다고 말한다. 다양한 이유가 있겠지만, 가장 큰 이유는 소그룹 차원에서 교과와 교수법에 대한 전문적인 연구와 창의적 해법을 찾기가 쉽지 않기 때문일 것이다.

IB 교육은 IBO 주도로 개별 교과 연구와 교수법, 평가와 채점에 대한 지속적인 연구가 이루어진다. IBO는 연구 결과물을 도출하고 다양한 워크숍과 콘퍼런스를 열어 이를 전 세계 IB 교사들과 공유한다. 교사들이 꾸준히 지적으로 성장하고, 또 가르치고 안내하는 일에 영감을 얻을 수 있도록 시스템을 구축해 둔 것이다.

우선 IBO는 IB 교육 철학에 공감하고 기존과는 다른 방식의 교육적 접근을 시도하는 이들을 대상으로 포괄적인 교사 양성 프로그램(IB Educator Certificate)과 교사 연수(Workshop)를 제공한다. 구체적인 과정과 방법은 나라마다 차이가 있지만, 대개 대학원 과정을 통해 IB 교사 자격을 취득하는 비(非)교사 포함 프로그램과, 이미 교사 자격을 보유한 이들을 대상으로 워크숍을 통해 IB 교사 자격을 제공하는 프로그램이 있다. 과정과 방법에 조금씩 차이가 있는 까닭은 나라마다 교사 자격 시스템이 달라서다. 예를 들어 미국은 한국의 임용고사처럼 국가가 주관하는 자격시험이 없고, 주마다 자격 요건과 필수 시험이 모두 다르다. 수업 시수 등 요건을 채워 5년마다 자격 갱신을 요구하는 주도 많다.

개인적으로 한국 교육 시스템에 대해서는 잘 모르지만, 전반적인 한국 교사의 실력은 매우 높은 것으로 알고 있다[1]. IBO가 한국어를 도입한 KB 체제를 추진한 것도 이런 면을 고려했기에 가능했다고 생각한다. 한국에서 어떤 방식으로 교사 연수를 진행하는지는 IBO나 권역 센터에서 확인해보면 될 듯하다. 여기서는 나의 경험을 토대로 기존 교사가 IB 교사로 전환하는 과정에 받는 연수 시스템을 소개한다.

한 학교가 '관심 학교-후보 학교-인증 학교' 과정을 거쳐 IB 교육을 제공하려면 관련 수업을 담당할 교사 전원과 학교장이 최소한 카테고리 1의 연수 과정을 수료해야 공식 IB 학교로 인증받을 수 있다. IBO가 제시하는 프레임워크(framework) 안에서 융통성 있는 접근이 가능한 PYP와 MYP 과정은 관심 학교와 후보 학교 단계에서도 IB 수업을 시도할 수 있고, 보다 엄격한 DP 과정은 인증이 완료된 후에 수업을 제공할 수 있다.

---

1   다만 한국 교육계 시스템에 대해서는 이해하기 어려운 부분이 제법 많다. 행정 업무와 교수 업무가 분리되지 않고 교사에게 집중되는 점이나 교사가 본인 수업의 평가 원칙을 자율적으로 세울 수 없는 점 등이 대표적이다.

교사 연수는 보통 하루 약 8시간씩 사흘에 걸쳐 진행된다. 간혹 짧지 않을까 생각하는 이들도 있지만 직접 참석해보면 사흘 내내 상당한 집중을 요하는 압축된 배움의 시간을 경험할 것이다. 원래는 대면으로만 진행했는데 코로나19 때문에 빠르게 온라인으로 전환되었고, 2023년 12월 현재 상당수 워크숍이 온라인으로 제공되고 있다. 하지만 서서히 대면 워크숍 코스도 증가하고 있어 앞으로는 온라인과 오프라인이 병행될 것으로 예상한다.

온라인 워크숍은 숙박비를 비롯한 참가 경비를 낮추고 장거리 이동에 따른 수고를 줄일 수 있다는 장점이 있다. 교육과정 안에서 온라인 툴을 적극적으로 활용하는 IBO이므로 온라인이라 연수의 질이 낮지 않을까 하는 염려는 하지 않아도 된다. 대면 워크숍은 비용이 많이 들지만, 같은 지향점을 가진 동료 참가자와 리더를 직접 만나 소통할 수 있다는 장점이 있다. 지역별 워크숍 일정은 IBO 홈페이지를 통해 미리 공고하며, 규모가 있는 학교가 날짜에 맞춰 워크숍을 요청하면 단독 워크숍을 받을 수도 있다. 단, IB 인증을 받은 학교나 후보 학교가 요청할 수 있으며, 최소 참가 인원은 7명이다.

자격 연수는 카테고리 1을 기본 단계로, 카테고리 2와 3을 상급 단계로 보면 된다. 카테고리 1을 수료한 교사가 카테고리 2를 수료할 수 있고, 카테고리 2를 수료한 교사가 카테고리 3을 수료할 수 있는 순차식이다. 각 워크숍의 세부 내용은 IB 프로그램 종류, 담당 교과, 교사의 보직 등에 따라 차이가 있다. 카테고리 1에서는 IB의 기본 철학과 이를 수업에서 구현할 때 고려해야 하는 점에 초점을 둔다.

카테고리 2부터는 4개의 IB 프로그램, 그리고 과목이나 보직에 따라 특화된 워크숍을 선택할 수 있다. 개별 프로그램에 맞는 전문 지식을 개발하고 실행하는 데 초점을 두며, 참가자가 전문가의 안내에 따라 구체적인 수업 교안을 제작하고 평가받는다. 여기서 말하는 전문가는 IB 과목을 가르친 경험이 풍부하고 IBO에서 제공하는 공식 촉진자 훈련(Facilitator Program)을 받은 이들을 가리킨다. 카테고리 3은 TOK나 CAS 등 각각의 과목이나 주제 안에서 더 깊이 파고들어 특정 주제에 대한 이해와 숙달을 강화한다. 과목 워크숍의 경우 학년에 따른 샘플 교안을 여러 개 공유하고 또 직접 만들어본다. 자격 연수의 차원을 넘어서 어떻게 연구하고 어떻게 수업할지 실제 그림을 여러 개 그려보는 셈이다.[2]

이미 교사 자격이 있고 경력이 오래된 교사 중에는 이런 연수 과정을 의아하게 여기는 이도 있다. 하지만 앞서 살펴보았듯이 IB 교육은 철학부터 교육과정 전반이 기존의 교육 방식과 상당한 차이가 있다. IB 교육을 제공하는 교사가 되기 위해 교사 자신이 IB 교육 철학에 자신을 개방하는 과정으로 보면 될 것이다. 공식적으로 교사가 카테고리 1만 수료해

---

2   IB 교사 훈련 및 양성 프로그램의 세부 사항은 지역에 따라 다를 수 있으며 업데이트도 빈번하다. 따라서 IBO의 공식 홈페이지(https://www.ibo.org/professional-development)를 방문하거나 공인된 IB 연수 기관에 문의해 최신 정보를 확인하기 바란다.

도 IB 수업을 진행할 수 있다. 하지만 개인적으로 교사의 지속적인 전문성 개발을 위해, 그리고 항상 점진적으로 변화하는 IB 교육의 방법론이나 평가 기준을 인지하기 위해 카테고리 2와 3에 참여할 것을 적극 권장한다. IBO는 이 밖에도 교사의 전문성을 개발하기 위한 다양한 트랙을 제공하며, 교사들은 훈련 과정을 거쳐 모둠 리더와 촉진자, 채점관 등 다양한 형태로 활동할 수 있다.

워크숍 이후에는 자연스럽게 워크숍 리더, 다른 참여자들과 밀도 높은 관계를 맺게 된다. 이런 프로페셔널 네트워크(professional network)를 통해 우수한 교재, 실제 응용할 수 있는 수업 교안, 그리고 모범 사례 등을 공유하며 함께 발전할 수 있다. 이처럼 IBO는 IB 교사들이 아이디어를 공유하고, 다른 학교나 지역의 동료들과 지속적으로 협력하는 학습 공동체 형성을 지원하고 격려한다.

끝으로 IB 교육 관계자를 대상으로 하는 IB 글로벌 콘퍼런스(IB Global Conference)가 3개 권역별로 매년 개최된다는 것도 안내하고 싶다. IB 글로벌 콘퍼런스는 IB 교육의 성과를 발표하고 관련 연구와 정보를 공유하는 장인데, 교사는 물론이고 학습자와 학부모가 봉사자로 참여하기도 한다. IB 교사가 주요 연사로 나서 학습 성취 사례와 미해결 과제 등을 나누며, 세부 세션은 대부분 모둠 토의로 이루어진다. 참가자 모두 자유롭게 질문하고 답을 찾는 방식이 IB 교육의 수업 방식과 매우 흡사하다. 글로벌 콘퍼런스에 참가하면 교육에 관한 여러 궁금증을 해소

할 수 있는 것은 물론이고, 교육의 가치와 방향에 대해 진지하게 고민하고, 이를 수업 현장으로 가져와 흥미롭게 적용하는 열정과 창의력 넘치는 각국의 IB 교사들을 만날 수 있다.

2. 학교의 존재 이유를 기억하며

IB 교사를 위한 워크숍이나 IB 글로벌 콘퍼런스 등에 관해서는 사실 IBO 홈페이지에서 보다 다양하고 구체적인 정보를 찾을 수 있다. 이 지면에서는 조금 더 원론적인 이야기를 꺼내고 싶다. 이런 교육 에세이를 선택해 읽는 독자라면, 직업과 관계없이 아이들의 교육에 남다른 관심과 문제의식이 있는 이들이라 생각하기 때문이다. 바로 교육의 목적과 목표를 생각해보는 것이다. 물론 이는 한 문장으로 대답하기에는 대단히 복잡하고 거창한 질문이란 걸 안다.[3]

질문을 조금 구체화해 공교육, 국민 전체를 대상으로 운영하는 근대적 의미의 공교육에서 반드시 추구해야 하는 것을 떠올려 보자. 경제협력개발기구(OECD)가 세계 학교 교육의 변화와 혁신을 위해 시작한

---

[3] 복잡하고 다차원적인 교육의 목적은 개인의 문화적, 철학적, 종교적 신념에 의해 영향을 받을 수 있다. 그럼에도 불구하고 교육의 목적은 일반적으로 개인의 발전(지적, 정서적, 사회적, 신체적 성장), 과목별 지식과 기술 습득, 시민의 권리 및 의무에 관한 인식 개발, 노동시장 참여 준비, 문화와 사회 적응력 향상, 비판적 사고와 문제 해결 능력 제고, 평생 학습 사고 소유, 창의성 개발 등이라 할 수 있다.

'OECD 교육 2030' 프로젝트는 교육의 궁극적 목적을 개인과 사회의 웰빙(Individual and collective well-being)으로 설명한다.[4] 지금 시대에 누구라도 동의할 수 있는 정의라고 생각한다. 그런데 공교육의 목적은 국가나 교육청, 공교육 기관이 정하며, 이는 역사의 흐름과 시대 변화에 따라 달라진다. 수 세기 전 교육의 목적은 국가나 사회에 이바지하는 것이 개인의 안녕보다 중요했을 것이다. 또 배우는 사람의 연령과 배경, 타고난 지능과 재능, 구체적 필요에 따라 교육의 목적이 달라지기도 한다. 가르치는 사람의 역할과 역량도 큰 영향을 미친다. 그러니까 여기서 강조하고 싶은 것은 교육의 목적은 이렇게 여러 가지 요인에 좌우된다는 점이다.

목표는 목적보다 조금 더 구체적일 수 있다. 예를 들어보자. 2020년 발표한 미국 국가교육통계센터(National Center for Educational Statistics)의 조사에 따르면, 미국 공립학교의 교장이 생각하는 초중고등 교육의 구체적 목표는 다음 페이지에 나오는 그림 6과 같다.[5] 1~3위를 차지한 목록에 그렇다고 응답한 비율이 과반수를 훌쩍 넘긴다. 특히 기초 문해력을 기르는 것과 학업 성과 권장에 대해서는 그 학교의 위치가 도시인지 외곽인지와 관계없이, 또 학년이나 학교 등급과 관계없이 약 70%의 교장이 선택했다.

---

4   www.oecd.org/education/2030
5   공립학교 교장들에게 주어진 10가지 교육 목표 중 3가지를 1위, 2위, 3위로 순위를 지정하게 했을 때 얻은 결과다.

그림 6 _ 미국 공립학교의 교장이 생각하는 초중고등 교육의 목표

세부 내용	평균 (%)
1. 기초 읽기와 쓰기, 수학 능력 기르기	72.25
2. 우수한 학업 성과를 이루도록 권장하기	68.5
3. 좋은 학업 습관과 자기 관리 능력 촉진하기	54.5
4. 개인의 성장과 발전 도모하기	35
5. 다음 과정을 위해 준비시키기	31
6. 대인 관계 기능 증진시키기	20.5
7. 직업이나 직장과 관련된 기능 준비시키기	9.5

* 출처: 미국 국립교육통계센터 National Teacher and Principal Survey (NTPS), "Public School Principal Data File,"
  2015-16

그림 7 _ 일반인이 생각하는 21세기 미국 교육의 목적

세부 내용	응답자 (%)
1. 어떤 상황이든 적응하기	21.6
2. 독립해 살 수 있도록 준비하기	17.1
3. 자아 개발 촉진하기	15.1
4. 더 좋은 미래를 위해 문제 해결 능력 가르치기	11.7
5. (공동) 학문적 성과 이루기 5. (공동) 노동시장에 참여할 준비하기	10.5 10.5
6. 인류의 문명에 관한 정보, 사회적 규범, 도덕 함양하기	5.6
7. 현재 처한 상황에 적응하기	4.6
8. 지역 및 국가 공동체에 참여하기	3.4

* 출처: 사우스다코타주립대학 https://openprairie.sdstate.edu/ere/vol2/iss1/2

한편 사우스다코타주립대학(South Dakota State University)의 크리스타 실보크(Krista Shilvock) 교수는 SNS를 통해 일반인을 대상으로 '21세기 미국 교육의 목적'에 대해 조사했다. 유효한 응답 511개를 분석한 결과는 그림 7과 같다.[6] 응답자들은 21세기 미국 교육이 추구해야 하는 것으로 어떠한 상황에서도 도망치거나 포기하지 않고 적응하며 독립적으로 살 수 있도록 준비하는 것을 꼽았다. 두 조사를 비교해보면 전문가와 일반인이 교육에 기대하는 것이 조금 다르다는 점을 알 수 있다. 어떤 기준을 적용하고 범주를 설정하는지에 따라 교육의 목적과 목표는 달라질 수 있다는 뜻이다.

다음은 유치원부터 12학년까지 미국의 정규 교육과정을 제공하는 NCA가 도달하려는 주요 목표로, 지난 25년간 NCA를 이끌어오며 계속 벼려온 목록이다.[7]

- 연령과 학년에 적절한 학업 능력 키우기
- 다음 단계를 위해 준비하기
- 커뮤니케이션 능력 키우기

6   Shilvock, Krista (2018), "The Purpose of Education: What Should an American 21st Century Education Value?," Empowering Research for Educators: Vol. 2 : Iss. 1, Article 2.
7   이 외에도 다양한 목표가 있겠지만, OECD 국가나 교육 선진국이 추구하는 공교육의 목표는 이 리스트와 큰 차이가 없을 것이라 생각한다.

- 사회성 및 정서적 발달 도모하기
- 시민의 윤리, 책임, 그리고 권리 이해하기
- 신체적 발달과 웰빙 촉진하기
- 비판적 사고와 문제 해결 능력 습득하기
- 문화적 인식과 글로벌 시대에 관한 이해 얻기

현재 가르치는 일에 몸담고 있거나 교직을 희망하는 사람, 혹은 교육에 관심을 갖고 있는 사람이라면 이처럼 교육의 목적과 목표라는 주제에 대해 고민해보고 다양한 결론을 내렸을 것이다. 그것은 어떤 학파(school of thought)의 주장에 동의하는 것일 수도, 개인의 소양에 근거한 신념일 수도 있다. 그런데 교육의 목적과 목표를 곰곰이 생각하다 보면 결국 교육은 학습자, 배우는 이를 위한 것이라는 결론에 이르게 된다. 이는 동시에 '학교는 누구를 위해 존재하는가?'라는 질문에 대한 답이기도 하다. 학교는 학생, 배우는 이를 위해 존재해야 한다. 이것이 가장 중요하고 당연한 학교의 존재 이유(raison d'etre)다. 학생이나 학습자 없이는 학교도, 교사도, 교육청도 없다.

그렇기 때문에 무엇이 학생을 위한 것인지 끊임없이 묻고 토론하고 실행해야 한다. 주어진 환경과 자원이 허락하는 내에서 가장 효과적인 도구와 시스템을 채택해야 하고, 학생의 안녕과 성장, 미래를 위해 학교라는 시스템이 존재한다는 사실을 잊지 말아야 한다. 안정과 도전 사이에서 고민이 생길 때 결정을 위한 작은 팁은 교사나 교육 행정가, 학교 책임자가 '내 아이, 내 가족이 다니는 학교'라고 진지하게 가정하고 결정하는 것이다. 이런 마음과 생각을 가진 교사와 교육 행정가는 현실에 안주하거나 매몰되지 않고 학생을 위해 늘 더 나은 교육 환경과 시스템을 추구할 것이라 확신한다.[8]

3. IB 교육을 선택한 NCA의 사명과 철학

마지막으로, 작은 학교 NCA의 사명과 철학에 대해 털어놓으려 한다. 이 고백 없이는 NCA에 대해 절반만 보여주는 것에 그칠 수 있기 때문이다.

NCA의 사명(mission)은 다음 세대 크리스천 리더를 교육하고 준비시키는 것이다. 여기서 말하는 리더는 목회자나 선교사 같은 종교적 리더만 뜻하는 것이 아니다.[9] 혹은 사회적 경제적 위치가 높은 이들을 가리키는 것도 아니다. 어떤 위치에 있고 무슨 일을 하든, 타인과 사회에 모범이 되고 긍정적 영향을 끼치는 이들을 가리킨다. 다시 말해 NCA에서 키우는 리더는 무슨 일을 하든 진리와 윤리에 어긋나지 않으며, 실력과 기능을

---

8   모든 것을 다 바꾸자는 것이 아니다. 훌륭하고 헌신적인 교사와 우수한 교재, 좋은 프로그램 등은 잘 지키고 지원해야 한다. 하지만 시대 변화에 따라 혁신과 개선이 필요한 부분이 생긴다는 것을 인정해야 한다는 뜻이다.
9   물론 종교적 리더도 배출되기를 희망하고 기대한다.

발휘해 주어진 일을 잘 감당하고, 결과적으로 자신도 만족하고 타인도 인정하는 사람이다.

크리스천 리더라 해서 다른 종교를 터부시하거나 폄하하며 차별하는 모습을 떠올리진 마시라. 한 사람의 평신도로서 감히 말하자면, 기독교의 본질은 진리를 삶에 적용하고 실천하는 것이며, 그런 실천이 담긴 삶을 통해 복음(good news)을 세상에 전하는 것이라 믿는다. 이러한 기독교적 세계관을 가장 쉽고 간결하게 표현한 성경 구절이 '진리가 너희를 자유케 하리라'라고 생각한다. 결과적으로 NCA는 지식과 신앙, 성품이 균형을 이루며 진리에 다가가는 총체적 인재를 키워내는 것을 목표로 한다.

보다 구체적으로 NCA는 모든 학생이 타고난 재능을 발견하고 키워 충족되고 성취하는 삶을 사는 것을 목표로 한다.[10] 나를 포함한 NCA 교사 전원은 모든 아이에게 타고난 독특한 재능이 있다고 확신한다. 그러나 그 재능을 발견하고 개발하지 않으면 잠재력으로 끝나고 만다. NCA는 각 사람이 자신의 재능, 그 '달란트'를 찾아내고 키우면 일정 이상의 성취에 도달할 수 있다고 본다. 즉, 교육과 배움이란 하나의 씨앗으로 있던 잠재력이 가꿈과 돌봄의 자양분을 통해 꽃을 피우고 열매를 맺

---

10 기독교적 세계관으로 표현한다면 하나님이 디자인하신 대로, 하나님이 주신 재능을 잘 사용해 개인이 인생의 미션을 이루는 것이라 할 수 있다.

을 수 있게 촉진하고 성장을 이끄는 과정이다.

NCA의 이런 철학을 현실로 구현하는 데 IB 교육의 철학과 마인드셋, 커리큘럼이 커다란 역할을 했음을 고백하지 않을 수 없다. 개인적으로는 해를 거듭할수록 IB 교육의 학습자상 안에서 기독교적 세계관을 깊이 느낀다. 물론 IB 교육은 공식적으로 어떠한 종교적, 정치적 차별에도 반대한다. 최근 이슬람 문화권에서 IB 학교가 늘어나고 있기도 하다. IB 교육 안에서 희망과 감사를 발견한 작은 학교의 개별 의견으로 받아들여 주기를 바란다.

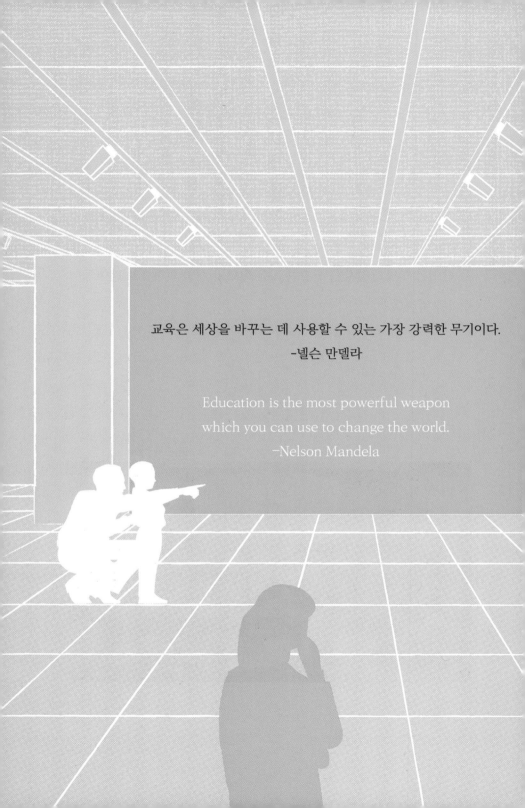

교육은 세상을 바꾸는 데 사용할 수 있는 가장 강력한 무기이다.
-넬슨 만델라

Education is the most powerful weapon
which you can use to change the world.
-Nelson Mandela

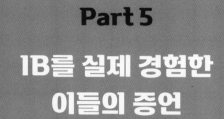

Part 5

1B를 실제 경험한
이들의 증언

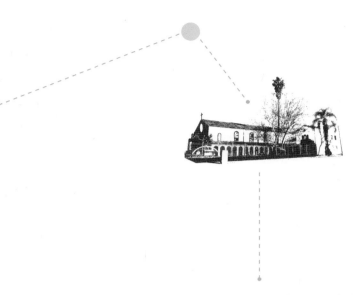

1. 성장하는 아이들의 안내자_교사의 이야기

네가 안다는 그 사실을
- -
과학적으로 증명해보는 시간
- -

-살바도르 토레스(Salvador Torres, 과학 교사)

IB 교육은 커리큘럼 전 과정에서 학생들이 지식의 맥락과 중요성을 이해하고 깨닫게 하는 데 집중한다. 학생들은 팩트만 배우지 않고, 팩트 뒤에 존재하는, 다시 말해 그 팩트를 형성하는 과정까지 찾고 배운다. 나는 학생들이 '무엇'만이 아니라 '왜'와 '어떻게'까지 붙들고 배우고 있다는 점이 만족스럽다.

어려운 디플로마(DP)를 수료하든, 혹은 부분 과목만 이수하든 IB 교육을 경험한다는 것은 이를 전혀 경험하지 않은 이들보다 생각의 깊이와 넓이가 훨씬 깊어지고 넓어지는 과정을 거치는 것이다. 나는 졸업생들이 대학 진학 후 학교로 찾아와 이런 점을 강조하는 것을 자주 들었다. 거의 모든 졸업생이 대학에서 제시하는 도전적인 과제를 흥미롭게 여기고 잘 해내고 있다고 말하고, 몇몇 학생은 대학의 기초 수업이 DP 공부보다 쉽다고 말한다. IB를 통해 '배운다는 것'에 대해 제대로 훈련받았기 때문에 가능한 일이라고 생각한다.

특히 지식이론(TOK) 수업을 통해 학생들은 새로운 차원의 지식에 대해 생각하기 시작한다. 그리고 그 배움의 태도와 자세를 나와 함께하는 과학 수업에도 적용한다. 개인적으로는 지식이론 과정을 더 다양한 수업에 적극적으로 적용한다면 아주 긍정적인 효과가 일어날 것으로 기대한다. 생물이나 물리를 가르칠 때 선호하는 평가 방법으로 '실험 평가'가 있다. 학생이 개인적으로 혹은 그룹을 짜서 실험을 구상하고 실행하는 방식이다. 책에 나오는 실험 제안을 그대로 따라 하는 것이 아니라, 학생이 직접 가설을 세우고 실험을 설계하고 세팅해 실행해야 하기에 더 깊은 이해를 요구한다. 학생은 준비부터 결과를 도출하고 이를 페이퍼로 정리할 때까지의 전 과정을 스스로 평가한다. 그 다음에 교사인 내가 평가한다. 이 과정을 통해 학생들은 그들의 창의력, 비판적 사고력, 글쓰기 실력, 프레젠테이션 실력을 키울 수 있다.

나는 IB 교육에 대해 잘 모르는 학생과 학부모에게 이를 적극적으로 추천한다. 일반 공립고등학교에서 AP 과목을 듣는 조카 둘이 있는데, 그들에게 무엇을 배웠는지 물어보면 명확한 답을 하지 못한다. 구체적으로 질문을 좁혀보면 그들이 무엇을, 왜 배우고 있는지 모른다는 것을 쉽게 알 수 있다. 둘 다 성적이 좋은 학생이기에 더 안타깝다. NCA의 학생들과 비교해보면 더욱 그렇다. 그래서 아직 선택의 기회가 있는 아이들에게 IB 교육이 얼마나 진지하고 흥미로운 프로그램인지, 어떻게 비판적 사고 능력을 발전시킬 수 있는지, 또 그런 역량이 장기적으로 인생에서 얼마나 요긴하게 활용되는지 꼭 알려주고 싶다.

학생의 학습 방식뿐 아니라
교사의 교수법도 혁신적으로 변화시키는 IB 교육

-소피아 킴(Sofia Kim, 미술 교사)

교사로서 늘 학생을 더 잘 가르칠 수 있는 효율적인 방법을 찾는데, IB 교육은 학생의 학습 접근 방식만 개선하는 것이 아니라 교사의 교수법도 혁신적으로 변화시킨다. IB 교사 훈련을 통해 IB 교육이 학생을 어떻게 지도하고 평가하는지에 대해 여러모로 배웠는데, 개인적으로 IB 교육의 평가 기준과 평가 과정을 보며 놀랐던 순간을 잊을 수 없다. 종전에는 어떤 스타일이나 테크닉을 학생들에게 소개하고 가르친 뒤 그 방법을 이용해 그림을 그리게 하고, 그 결과물에 점수를 주었다. 특별할 것 없는 평범하고 일반적인 수업 방식이었다.

그러나 IB는 비판적 사고 능력과 미술이란 장르의 기술적 역량이 결합되도록 수업을 구성하고 평가한다. 학습자가 깊이 생각하고 자신의 생각을 담아 구상하는 예술가가 되어보도록 촉진하는 것이다. 모든 예술 작품에는 사회와 철학, 그리고 숙고와 반성이 담길 수밖에 없다. 이 점을 간과한 예술 교육, 미술 수업은 그저 테크닉을 배워, 과거의 작품과 최대한 비슷한 그림이나 조형물을 만들고 점수를 얻는 행위에 지나지 않는다.

이와 달리 IB 교육은 예술과 예술가에 대한 사회의 시각, 시대적 배경과 예술가 자신의 배경 등 다양한 요소를 연구하고 파악해, 학생이 예술가인 동시에 비평가가 되어 평가하고 토론하게 유도한다. IB 교육은 학생이 미술 관련 프로젝트를 진행할 때 자신의 생각과 의도를 설명하는 것부터 시작한다. 이후 테크닉 성장 과정도 평가하고, 주어진 기준에 따른 평가와 자신의 성취와 만족도도 스스로 평가하고, 타인으로부터 피드백을 받는 과정이 이어진다. 실제로 미술에 흥미나 소질이 부족하던 학생이 수업을 경험하고 자신이 몰랐던 자질을 발견하기도 하고, 세계의 다양한 예술 작품에 푹 빠지기도 한다. 교사로서 IB 교육의 프레임을 통해 미술을 가르치는 데 자부심을 느끼는 이유다.

이렇게 2년간 교육받은 학생들은 졸업 전시회를 하는데, 학교는 전교생과 교사, 그리고 학부모가 관람할 수 있도록 공간을 구성한다. 졸업반 학생은 방문객에게 자신의 작품에 사용한 테크닉은 물론 테마나 시도에 대해 설명하고, 또 방문객의 질문이나 코멘트에 답한다. 졸업 전시회는 커다란 축제 같은 분위기에서 이루어진다.

내가 학생을 평가할 때 중요하게 활용하는 것은 '아트 저널(art journal)'로 학생이 매주 자신의 프로젝트 수행 과정을 기록한 것이다. 아트 저널은 학생이 글을 쓰며 자신의 생각을 정리할 기회를 제공하는 중요한 매개체다. 학생은 자신이 잡은 주제에 대해 깊이 고민하며 더 높은 차원에서 자신의 프로젝트를 완성해간다. 이 모든 과정이 단순히 미술의 기능 몇 가지를 습득하는 것보다 장기적으로 훨씬 더 큰 이익이 된다고 믿는다.

타인의 생각을 존중하며,
세상을 보는 관점을 확장하는 IB 교육

-재스민 킴(Jasmine Kim, 한국어 교사)

나는 학생들이 능동적으로 목표를 세우고, 노력하며 성장하는 모습을 보면서 IB 교육에 확신을 갖게 되었다. IB 교육은 학습자가 타인의 의견이나 설명을 흘려듣거나 혹은 무비판적으로 따라 하는 것을 진정한 학습으로 보지 않는다. 주어진 정보에 대해 학습자 스스로 생각하고, 타인의 의견을 보다 선명하게 이해하기 위해 능동적으로 참여할 것을 격려하고 촉진한다. 이를 위한 대표적인 방법이 대화하고 조사하고 토론하는 것이고, NCA의 한국어 수업에서는 다양한 토픽을 통해 이에 접근한다.

NCA에서 한국어는 제2언어, 즉 외국어에 해당한다. 외국어를 배운다는 것은 그 언어를 사용하는 문화의 시공간으로 들어가는 일이다. 따라서 문법 규칙이나 단어를 암기하는 차원을 넘어, 그 언어가 쓰이는 맥락을 다양한 관점에서 경험할 기회를 제공해야 한다. 한국 문화와 전통에 대한 접근은 물론이고, 한국어와 한국 문화가 주변국과 세계에 어떤 영향을 미치는지도 살펴본다.

낯선 언어로 대화하고 토론하는 것이 어떻게 가능하냐고 생각할 수 있지만, 학생들은 자신의 생각을 표현하기 위해 더 능동적이고 적극적으로 학업에 임한다. 수업은 주제의 개념을 이해하는 것에서 시작한다. 이후 학습자 개개인이 어떤 생각을 하고 있는지 대화를 통해 이해하고, 각자의 생각을 확장하기 위해 다양한 미디어를 활용해 텍스트를 읽는다. 이 과정을 통해 학습자는 읽기와 듣기 능력이 향상되고, 프레젠테이션을 통해 자신의 의견을 표현하며 발표 능력도 향상된다. 발표자는 물론이고 듣는 이도 비판적인 생각과 평가 기능을 개발할 수 있다.

프레젠테이션을 통한 평가 방식의 장점도 언급하고 싶다. 하나의 프레젠테이션을 위해 주제에 대한 이해에서 시작해 자료 수집하기(읽기, 분류하기), 이를 자신의 생각으로 정리하기(쓰기), 학습 과정에서 자기 시간 관리하기, 발표 연습하기(말하기) 등 전체적인 수행 과정이 평가에 반영된다. 학생이 자연스럽게 과정 자체에 집중하는 훈련을 받는 것이다. 참고로 고급 수준 한국어를 성공적으로 이수하면 대학에서 학점으로 인정받을 수 있다.

IB 교육은 전방위적으로 수준 높은 학습을 목표로 한다. 학생이 텍스트에 갇힌 지식만 배우는 것이 아니라 서로의 의견을 존중하며 대화하는 방법도 배우고, 다른 사람과 그룹의 생각을 존중하며, 세상을 보는 관점을 키워가게 하는 우수한 프로그램이다. 이런 교육은 한 차원 높은 대학 학업에는 물론, 훗날 직업 세계에서도 역량을 발휘하고 업무를 진행하는 데 큰 도움이 될 것이다.

학생이 스스로 생각하고
비판적으로 사고할 기회를 제공하는 것이 교사의 책무

-로런 부파노(Lauren Bufano, 역사 교사)

나는 항상 IB의 학습자상을 염두에 두고 수업을 진행한다. 대화와 토론, 발표 중심의 수업을 진행하는 내 교수법은 IB 교육과 환상적인 조화를 이룬다. IBDP 학습영역의 6개 과목 그룹 중 그룹 3에 속하는 역사 과목에서는 특히 많은 토론과 비판적인 사고, 다른 관점에서 보기 등을 통해 학습적 성장이 일어난다.

IB 교육의 다양한 요소 중에서 비판적 사고 개발은 내가 가장 높게 평가하고 또 좋아하는 부분이다. 왜냐하면 많은 학생들이 가장 발전시키기 어려워하는 역량이 바로 비판적 사고 능력이기 때문이다. 기존의 주입식 교육에 오래 노출된 학생들은 보통 교사가 전달하는 내용을 무조건적으로 받아들이고 암기한 뒤 질문에 답하는 데 익숙하다. 그래서 IB 수업 초반에는 비판적인 판단과 사고를 요구하는 수업에 잘 적응하지 못한다. 하지만 세상에 하나의 관점으로 다 설명할 수 있는 이슈나 정책은 없다. 특히 역사는 그것을 바라보는 사람이 서 있는 시공간에 따라 다양한 해석이 가능한 분야다.

역사는 수학이나 과학처럼 절대적인 규칙이 아니라 확신(confidence)과 신뢰성(reliability)에 관한 것이기에 그렇다. 그래서 어떤 사건을 이해하려면 그 배경과 사실 관계, 그리고 기록에 대한 신뢰 수준 등 다양한 각도에서 검토하고 판단하는 것이 중요하다. 역사 지식은 공식을 통해 구할 수 없으며 삼각 측량법(triangulation) 같은 방법을 동원해 연구하고 파악해 나가야 한다. 그래서 지식이론(TOK) 수업에서 자주 하는 질문, '당신은 어떻게 아는가(How do you know)?'를 수없이 던진다. 학생들 역시 이 질문을 서로에게 던지고 교사인 내게도 던진다.

학습자는 학업은 물론이고 삶의 모든 영역에서 이러한 관점과 기술을 배우고 발전시켜야 하기에 나는 여기에 중점을 두고 지도한다. 교사가 학생들에게 줄 수 있는 아주 귀한 선물 중 하나가 비판적으로 생각하고 스스로 생각할 기회를 제공하고 촉진하는 것이라 확신한다.

나는 또 퀴즈 시험(pop quiz)도 자주 활용한다. 학생들이 싫어할 거라 예상했겠지만 전혀 그렇지 않다. 배운 것을 어떻게 이해했는지 확인하자는 명확한 가이드라인을 주고 공정하게 진행하면 학생들은 조금도 불평하지 않는다. 퀴즈 시험은 성실하게 또 적극적으로 수업에 참여한 학생에게 유리한 평가 제도다. 게으름을 피우거나 자기 몫을 하지 않아 제시간에 과제를 제출하지 못하는 학생을 쉽게 파악할 수 있으며, 또 학생에게 신속하게 피드백을 줄 수 있다.

교사의 책임은 특정 주제나 내용을 가르치는 것으로 끝나지 않는다. 학생들이 배운 내용이나 토픽을 제대로 이해했는지, 만약 그러지 못했다면 이유가 무엇인지 정기적인 퀴즈 시험으로 파악할 수 있다. 퀴즈를 거의 매일 만들어낸다는 것은 쉬운 일이 아니다. '예/아니요' 식의 단답형 문제가 아닌, 학생이 자신의 생각과 논거를 밝힐 수 있는 열린 문제(open-ended, free response question)를 출제하므로 시간과 노력을 들여야 한다. 하지만 그 덕에 퀴즈 시험을 보고 나면 학생들의 논리적 사고력을 파악할 수 있고, 글쓰기 능력, 비판적 사고력 등을 두루 점검할 수 있다.

이런 내 교수법에 익숙해진 학생들은 수업 전부터 책과 강의 노트를 훑어보며 수업을 준비한다. 어떤 질문이 나올지 대화도 나누고 서로의 답을 평가하기도 한다. 이해가 안 되는 부분은 적극적으로 물어보고, 함께 답을 고민하며 협력하는 모습을 볼 때면 무척 대견하고 자랑스럽다.

학교에서 치르는 IB 공식 평가와 과제 역시 매우 중요하다. 첫 번째 페이퍼는 자료를 읽고 그 자료의 의도를 분석하고 해석하는 능력을 평가한다. 두 번째 페이퍼는 학생이 교과서의 한 부분을 인용해 토론이 필요한 주제인지, 왜 논쟁의 여지가 있는지를 기술해 제출해야 한다. 그리고 세 번째 페이퍼는 교과서의 한 챕터를 선택해, 한 측의 입장을 논리적으로 주장하고 뒷받침하는 자료를 제시하면 된다.

IB 교육은 어떻게 생각하고, 어떻게 공부하고, 어떻게 배우는지에 대한 모든 것을 가르쳐준다. 배움은 평생 하는 거라고 믿기에, 앞으로도 IB 교육을 통해 학생들에게 세상에 나가서도 무엇이든 효과적으로 배울 수 있는 자세와 역량, 마음의 틀을 제공하기 위해 애쓸 것이다.

2. 나를 키운 IB의 시간_졸업생의 이야기

세상에서 가장 싫던 공부,

토론하고 글 쓰며 생각과 지식의 폭 넓히니 이해의 궤도로

-이어진(Lee Eojin, 2023년 NCA 졸업, UC 샌타바버라 재학)

나는 한국에서 초등학교와 중학교를 나오고 미국에서 고등학교를 졸업했다. 쉽게 말해 조기 유학생 출신이다. NCA에 입학하기 전까지 나는 세상에서 가장 싫은 것이 공부인 아이였다. 그때까지 내가 아는 공부는 설명과 이해보다 외우는 것이 기본이었고, 1등이 아니면 가치 없는 사람인 것만 같았다. 공부를 따라가지 못해 성적이 형편없는데도 공부에 대한 스트레스는 엄청났다. 그런데 NCA에 진학하고 낯선 IB 프로그램을 접하면서 내 안에서 학교, 교육, 그리고 공부에 대한 생각이 드라마틱하게 달라졌다.

아직 긴장이 풀리지 않았던 9학년 초반의 수업 장면을 지금도 기억한다. 내가 아는 고등학교 수업은 선생님은 교탁 앞에서 교과서를 읽으며 수업하고, 학생은 수업에 집중하거나 아예 딴짓하거나 둘 중 하나지만 전체적으로 조용하고 건조한 느낌이었다. 그런데 IB 수업은 분위기가 달랐다. 우선 학생들이 선생님만큼 말을 많이 했다. 선생님은 우리가 수업에 잘 접근할 수 있도록 다양한 PPT 자료와 프린트를 준비해 주셨고, 궁금

하거나 이해가 어려운 부분에 대해 자유롭게 질문하게 격려했다. 실제로 거의 모든 학생들이 자유롭게 얘기하며 수업하는 모습이 매우 신선했다. 관련 주제에 대해 학생들은 자기 생각을 스스럼없이 밝혔는데, 그 의견과 생각이 엉뚱하거나 적절하지 않더라도 선생님은 절대 학생의 생각이 틀렸다고 지적하지 않았다. 도리어 그 학생이 자신의 생각과 의견을 정리하고 설명하면서 더 넓히고 점검할 수 있게 했다. 학생들이 차근차근 지식에 접근하며 스스로 공부하는 방법을 터득하고 공부할 수 있도록 안내해 주었다.

시간이 갈수록 교육이란 그리고 공부란 이렇게 하는 것이라는 생각이 들었다. 수업 시간이 쌓이면서 나는 처음으로 제대로 공부하고 싶다는 마음이 들었다. 물론 공부가 마음만 먹는다고 쉽게 되는 것은 아니다. 기초가 부족했던 나는 NCA에서 공부를 처음 해본 것이나 마찬가지여서 여러 장벽에 부딪히기 일쑤였다. 영어로 수업을 듣다보니 초반에는 수업 진도를 따라가기가 쉽지 않아서 숙제를 하는 것도 허덕일 정도였다. 하지만 해보겠다고 결심한 내 주변에는 나를 기꺼이 도와줄 이들이 있었다. 나는 담당 선생님과 반 친구들에게 열심히 도움을 청했다. NCA 선생님들은 어떤 경우에도 나를 환대해 주셨다. 아무리 사소하고 기본적인 질문도 외면하지 않고 최선을 다해 설명해주셨고, 매번 잘하고 있다는 격려를 보내주셨다.

내가 목표한 지점에 도달할 때까지, 시험에서 일정 수준의 점수를 받을 때까지 나의 도전과 실패는 반복되었다. 선생님들은 기대만큼의 성과가 나오지 않으면 재시험의 기회를 주고 대체할 과제를 통해 이해해야 하는 부분을 반드시 습득하고 갈 수 있게 했다. 재시험이 두 번일 때도 있었고 세 번, 네 번으로 넘어갈 때도 있었지만, 선생님들은 포기하지 않고 계속 기회를 주셨다. 이런 기회는 비단 나에게만 적용된 것이 아니라 노력하고 도전하는 모든 학생에게 주어졌다.

학생들 역시 서로를 경쟁자로 보지 않고 함께 의견을 모으고 토론하고, 모르는 것이 있으면 서로 알려주는 팀원으로 생각했다. 조금 늦게 합류한 내게 반 친구들은 잘 정리한 노트 필기와 숙제 샘플을 주저 없이 빌려주고, 스터디그룹에 포함시키며 여러모로 도와주었다. 각자 자기 공부하기 바빠 무관심하고 때로 경계하는 한국의 학교 모습과는 참 많이 달랐다.

특히 인상적인 부분은 선생님과 학생의 관계였다. 선생님이 학생들을 좋아하고, 학생들도 선생님을 좋아해서 수업 외 시간에도 찾아가 대화를 나누곤 했다. 학년이 올라갈수록 각 과목에서 해당 내용을 왜 배워야 하는지, 어떻게 접근해야 하는지가 보이기 시작했다. 나아가 궁극적으로 왜 공부해야 하는지가 머리와 가슴으로 이해되었다. 물론 DP 과정 중에는 공부가 너무 어려워 포기하고 싶은 유혹이 찾아오기도 했다. 하지만 함께 공부하는 친구들의 지지와 헌신적인 선생님들의 안내 덕에 그 고비를 잘 넘길 수 있었다.

IB 교육은 그 핵심은 동일하지만 각 학교마다 적용 방식이 다양한 것으로 알고 있다. 내가 경험한 것은 NCA뿐이지만 나는 NCA가 IB 교육에 강점이 있는 학교라 생각한다. 거의 모든 수업 시간에 학생들과 선생님이 함께 의견을 내고 근거를 찾으며 토론하고, 숙고해 글을 쓰며 각자의 생각과 지식의 폭을 넓혀갔다. 이것이 IB 교육의 핵심이다. 그 시간이 대학에서 첫 학기 공부 중인 내게 얼마나 큰 영향을 끼쳤는지는 이루 다 말할 수 없을 정도다. 한국에 혹은 세계 어딘가에, 다양한 이유로 공부가 어려운 후배들이 있다면, 또 다른 방식으로 공부에 접근하고 싶은 친구들이 있다면 IB 교육에 도전해볼 것을 적극 추천한다.

효과적인 의사소통과 협업의 중요성을
매 순간 강조하는 IB 교육

-레베카 한(Rebekah Han, 2021년 NCA 졸업, UCLA 재학)

나는 조금 과장을 보태 대학에서 필요한 다양한 역량과 자세를 IB 교육과정에서 다 배웠다고 생각한다. 우선 IBDP 과정은 대학에서 수행해야 하는 학술 연구의 탄탄한 기반을 구축하는 데 큰 도움이 되었다. IB 교육의 연구 요구 사항은, 신뢰할 수 있는 출처를 식별하고, 방대한 정보를 정리하며, 근거 있는 주장을 하는 것이다. 이를 위해서는 비판적 사고 능력과 논리적 글쓰기 능력, 즉 복잡한 이슈나 문제를 제대로 파악하고 그에 대한 자신의 생각을 명확하고 간결하게 다듬어 쓰는 능력이 중요하다. 나는 이 능력을 NCA에서 즐겁고도 혹독하게 훈련받으며 획득했다.

다음으로 IB 교육은 효과적인 의사소통과 협업의 중요성을 매 순간 강조하고 이를 실천한다. IB 과정 내내 다수의 그룹 프로젝트에 참여했는데, 의견과 생각이 다른 그룹원과 거듭 대화하며 생각의 거리를 좁히고 함께 결과를 도출해본 경험은 실제로 대학에서 공부하는 데 든든한 밑거름이 되었다. 대학에서는 보다 다양한 그룹 환경에 놓이는데, 그 안에서 효과적으로 의사소통하고 효율적으로 협업하는 데 그때의 경험이 귀한 씨앗이 되었기 때문이다.

나는 IBDP를 수료한 것이 대학 입시는 물론이고 대학 전 과정에 큰 도움이 되었다고 생각한다. 엄격하고 까다로운 IBDP 과정은 시간 관리 기술, 공부 습관 및 방법 등도 개발하게 해주었다. 특히 IB 교육에서 거의 매일 반복하고 강조하는 비판적 사고 훈련과 글쓰기 훈련은 대학에서 우수한 성적을 얻는 데 결정적이었다. 내가 이 글의 처음에 대학에서 필요한 다양한 역량과 자세를 IB 교육과정을 통해 거의 다 배웠다고 과장 섞인 칭찬을 한 이유다.

IB 교육과정은 결코 쉽지 않다. 하지만 학습자의 학업 성취는 물론이고 개인적인 목표 달성까지 돕는 도전적이고 보람 있는 과정이다. 특히 기존 틀에서 벗어나 혁신적인 방법으로 문제에 접근하고 해결할 수 있도록 훈련시켜준다. 그래서 누군가 IB 교육을 고려하고 있다면 '꼭 도전하라!'고 강력히 추천하고 싶다.

IB 교육을 통해 얻은 비판적 사고 능력,
자료에 근거해 의견을 전달하는 능력

-대니얼 킴(Daniel Kim, 2016년 NCA 졸업, 페퍼다인대학 졸업, 공인회계사)

나는 말이 적고 조용한 성격이다. 그래서 어릴 때부터 발표나 토론 참여가 늘 부담스러웠다. 하지만 2년간 IBDP 과정을 통해 수십, 수백 번 이상 페이퍼를 쓰고 또 프레젠테이션을 했다. 그 훈련은 사람들 앞에 서는 일에 대한 나의 오랜 두려움을 자연스럽게 극복하게 해주었다.

다양한 자료를 찾아 살펴보고, 그것에 대한 내 생각을 글로 정리하고, 다시 발표하는 훈련이 끊임없이 이어지는 IB 교육 방식은 대학 진학 후 큰 도움이 되었다. 대학 수업은 비판적으로 생각하고, 자료에 근거한 입장을 페이퍼와 프레젠테이션으로 전달하는 과제가 늘 동반된다. IB 교육을 통해 훈련한 다양한 학습 방법 덕에 적극적으로 과제에 임할 수 있었고, 좋은 성적을 거두며 교수님들께 인정을 받았다.

간단히 말해 IB 교육은 대학에서 요구하는 것이 무엇인지 잘 알려주고 필요한 능력을 키워주었다. 비판적으로 생각하기, 토론 참여하기, 페이퍼 쓰기, 프레젠테이션 하기, 그룹 프로젝트에 참여해 협력하기 등을 NCA에서 무수히 많이 해보았기에 대학의 수업과 공부가 낯설지 않았다. 그래서 개인적으로는 IBDP를 대학의 예고편(preview)이라고 생각한다. 대학 수준의 공부를 2년간 체험하고 대학에 가기에 엄청난 이득이 아닐 수 없다. 나 역시 든든한 기반과 자신감을 갖고 대학에서 공부에 전념할 수 있었다.

대학에서 고등학교 때 AP 프로그램을 이수한 친구들을 만나 그들의 경험을 들을 기회가 종종 있다. 그들은 엄청난 양의 내용을 배우고 암기하는 AP가 IB보다 더 어렵다고 주장한다. 내 생각에는 AP가 말하는 '어려움'과 IB가 추구하는 '어려움'은 질적으로 다르다. IB는 하나의 토픽을 더 깊이, 더 오랜 시간 연구하고 분석한다. 그렇게 배운 내용에 대해 학습자가 자신의 관점을 세워 페이퍼를 쓰고, 이를 프레젠테이션 하고 다시 토론이 이어진다. 그냥 팩트를 외우는 것과는 차원이 다른 접근이다.

대학 진학 후에 IB의 진가를 더 자주, 더 깊이 체험하고 있다. NCA의 모든 선생님이 왜 그렇게 IB를 높게 평가하고, 학생들을 격려하며 가르치는지 알게 된 셈이다.

내 생각과 주장을 담는 IB의 글쓰기 훈련이

나를 단련시켰다

-앨리슨 리(Allison Lee, 2014년 NCA 졸업, USC 졸업, 현재 MBA 과정)

나는 IB 교육을 통해 글쓰기 실력이 크게 향상되었다. NCA 재학 중 거의 매주 내 생각을 담은 페이퍼를 쓰면서 실력이 자라고 있다고 느꼈지만, 이를 크게 실감한 것은 대학 진학 이후다. 대학 입학 전까지 대학에서 어느 수준의 페이퍼를, 어느 정도 분량으로, 또 얼마나 자주 요구하는지 당연히 알지 못했다. 그래서 처음에는 조금 긴장했지만 시간이 갈수록 4년간의 NCA 과정을 통해 내가 충분히 준비되어 있다는 걸 알 수 있었다.

대학의 거의 모든 수업에서 팀 발표와 그룹 프로젝트 과제가 주어진다. 개인 과제와는 또 다르게 함께 토론하고 규칙을 정해 페이퍼를 작성하고 제출해야 한다. 나는 NCA에서 9, 10학년의 IBDP 준비 과정, 그리고 11, 12학년의 IBDP 과정을 통해 개인 프로젝트와 그룹 프로젝트를 수십, 수백 번 훈련했다. 그랬기에 대학에서의 도전적인 과제가 크게 두렵지 않았고, 실제로 잘 해낼 수 있었다. 대학에는 이런 방식의 과제를 처음 접하는 학생들이 생각보다 많았는데, 그들은 나처럼 IB 교육을 받은 이들을 매우 부러워했다.

IB 교육은 또 내가 특정 주제나 과목에 흥미를 잃을 때도 끈기를 갖고 수업에 임하게 해주었다. 간혹 포기하고 싶을 때면 대안이나 다른 접근 방법을 찾도록 자극을 주었고, 벽에 부딪힐 때는 차분히 '생각에 대한 생각'을 하며 새로운 시각으로 보도록 이끌었다. 대학 입학 전 IB 교육을 통해 이런 접근 방식을 배웠기에 가능했다고 생각한다.

열정적으로 소논문(EE)을 준비한 기억이 생생하다. 주제 선택을 고민하던 중에 한국으로 수학여행을 떠났는데, 그때 인천 이민박물관을 방문하고 내가 말하고 싶은 주제를 발견했다. 교장 선생님과 여러 차례 논의한 뒤 박물관에서의 경험과 자료 조사를 바탕으로 '초기 한인의 미주 이민과 종교의 관계: 한국 초대교회 및 선교사의 역할'이라는 주제로 소논문을 썼다. 나에게 한국어는 제2언어라 만만찮은 작업이었지만, 교장 선생님과 한국어 선생님의 가이드와 지지가 큰 도움이 되었다. 무엇보다 내가 택한 주제가 흥미로워 밤새 조사하고 글을 쓰면서도 힘들다고 여기지 않았고 좋은 결과를 낼 수 있었다.

IB 과정 중 개인적으로 가장 어려웠던 것은 지식이론(TOK) 과정이다. 항상 새롭고 다른 사고방식을 요구하기 때문이다. 지식이론 과정을 가장 좋아하는 친구들도 많았지만, 매사 명확한 답을 선호하는 나는 그 정도로 좋아하지는 않았다. 하지만 지식이론은 나의 약점을 깨닫게 해주었고, 정확한 답이 없어도 진리나 팩트에 접근해갈 수 있다는 걸 알려주었기에 대학 공부에 큰 도움이 되었다.

IB 프로그램을 통해 얻는 다양한 능력은
평생 사용할 수 있는 유익한 도구

-러빈 마툴(Lirvin Matul, 2021년 NCA 졸업, 페퍼다인대학 재학)

IBDP 프로그램을 통해 나는 대학 수준의 연구가 무엇인지 차근차근 체계적으로 배울 수 있었다. 그러니까 어떻게 준비하고 어떻게 인용문을 사용하며, 어떻게 논리적이고 설득력 있는 페이퍼를 쓰는지에 대해 구체적으로 말이다.

고등학교 시절 내내 함께 수업을 듣는 친구들, 선생님, 때로 전교생 앞에서 발표하고 대화할 기회가 많았다. 그 과정을 통해 언제, 어떤 상황에서 발표하더라도 두렵지 않을 정도로 프레젠테이션 기술을 연마했다. 그렇게 NCA에서 배우고 훈련한 그 시간이 있었기에 대학에서 페이퍼 과제가 크게 어렵지 않았고, 연구 결과를 발표하는 것 역시 문제가 없었다. DP 과정을 통해 충실히 훈련한 덕분에 대학의 수업을 잘 이해하면서 쏟아지는 과제에 흔들리지 않고 잘 감당할 수 있었다고 생각한다.

대학은 한 학기가 길면 15주, 짧으면 10주이다. 그 기간 동안 3~5과목을 소화해야 하기에 시간과 건강, 의욕 등 자기 관리를 제대로 하지 못하면 시간에 쫓기고 우선순위가 엉켜버린다. 실제로 대학에서 그런 이들을 자주 본다. 나는 IB 교육을 통해 배운 자기 관리, 시간 관리 습관 덕분에 큰 어려움 없이 대학 1, 2학년 과정을 우수한 성적으로 마칠 수 있었다.

다들 대학 공부가 고등학교 공부보다 훨씬 어려울 것이라고 경고했지만, 내가 감당할 수 없을 정도로 어렵지는 않다고 생각한다.

대학 입시만 놓고 보면 취득 학점 인정이나 고등학교 평점(GPA) 등에서 AP 과정이 IB 교육보다 유리해 보인다. 하지만 IB 교육의 진가는 대학에 진학한 뒤 증명된다. 대학에서 2년 동안 열정적으로 공부를 마친 지금, 내가 AP보다 IB를 택하길 참 잘했다고 생각한다.

나는 선배로서 기회가 있을 때마다 NCA 후배들에게 IB 교육이 평생 사용할 수 있는 유익한 도구라고 말한다. 내 여동생이 올해부터 NCA에서 IBDP 과정을 시작했다. 나는 동생에게 선생님들의 지시를 잘 따르고, 과제 마감일을 철저하게 지키고, 암기보다 깊이 생각하고 자신의 의견을 잘 정리해 글로 쓰는 훈련을 기꺼이 즐기라고 조언해주고 있다. 물론 어려운 과정이지만 최선을 다한다면 한 계단 한 계단 성장하는 자신을 만나게 될 것이다. IB를 고민하는 모두에게 응원과 격려, 지지를 보낸다.

3. 아이의 평생을 위한 교육_학부모의 이야기

지식에 접근하는 자세부터

자기 관리 능력까지 연마시켜준 IB 교육

-대니얼 킴(Daniel Kim, 2020년 NCA 졸업생의 아버지)

딸아이는 NCA를 졸업한 2020년, 4개의 아이비리그 대학을 포함해 여러 명문대에 합격하는 기쁨을 누렸다. 며칠에 한 번씩 전해지는 반가운 소식에 우리 가족은 기쁨의 환호성을 질렀다.

대개의 부모들이 그렇듯 우리 부부도 아이가 좋은 대학에 입학하기를 바라는 마음이 컸다. 이제 와서 고백하지만 딸을 NCA에 보낼 당시 나는 IB 교육이 좋은 프로그램이라고 막연하게만 알고 있었을 뿐이다. IB 교육의 철학적 관점보다는 그간 NCA 졸업생들의 명문대 진학 성과를 보고, IB 교육을 받으면 딸이 더 좋은 대학에 갈 수 있지 않을까 싶었다.

딸아이가 처음부터 IB 교육에 잘 적응한 건 아니다. 방대한 독서와 토론, 자료 조사와 에세이 작성에 적응하기까지 아이도 꽤 힘들어했다. 하지만 딸아이가 인내하고 도전하고 싶게 만드는 무엇인가가 그 과정 안에 있었다. IB 교육에 스며든 딸은 스스로 목표를 세우고 성취해가기 시작했다. 그 모습을 지켜보며 나는 십대 아이들이 그렇게 자신을 이끌 수 있다는 사실에 자주 놀라곤 했다.

IB 교육 전 과정이 독특하고 훌륭했지만, 특히 IBDP 과정은 막연히 상상했던 것보다 훨씬 수준이 높고 엄격했다. 실제로 딸이 공부하는 방식과 태도에 적지 않은 충격을 받았는데, 딸은 어떤 가설이나 입장을 주장하기 위해 기존의 주장을 분석하고, 원문과 다양한 문헌을 조사한 다음 자신의 생각을 담아 종합해야 한다는 것을 말은 물론, 행동으로 보여주었다. 딸아이를 비롯해 DP 과정 학생들이 보낸 2년은 일반 학교의 AP 과정보다 확실히 한두 단계 높은 공부를 추구하고 달성한 시간이라고 생각한다.

부모는 물론 사교육이 관여할 수 있는 영역이 거의 없다는 것 또한 IB 교육의 특징이다. 어떤 테크닉으로 다른 사람이 요약해주거나 대신해줄 수 있는 것이 없고, 모든 것을 학생 스스로 탐구하고 숙고해서 해낼 수밖에 없기 때문이다. 도달점 그 자체보다 그곳에 접근해가는 과정을 중시하고, 팀 단위의 과제물이 많아 각자 다른 생각을 조율하는 어려움도 실제로 느끼며 아이들이 성장한다. 자연히 일반적인 수업보다는 학생의 노력과 시간을 많이 요구한다.

IB 교육 자체도 놀랍지만 이를 학교 현장에 도입해 실현한 NCA도 장점이 많은 학교다. 매년 두 차례 전교생이 함께하는 캠핑 프로그램이 있는데 학생은 물론 교사와 행정 스태프가 한데 모여 서로를 깊이 알아가는 시간인 듯했다. 시간이 갈수록 딸아이는 학교에 가는 것을 즐거워했고, 방학이 끝나갈 무렵이면 개학날을 손꼽아 기다리기도 했다. 그렇지 못한 시절에 학교를 다닌 나로서는 그저 신기할 따름이었다. 딸이 입시생이던 2020년은 코로나19로 세계가 어지러웠다. 오래전부터 온라인 플랫폼을 채택해 온·오프 수업을 병행하던 NCA는 많은 학교가 허둥대는 사이, 마치 코로나19가 올 것을 대비라도 한 듯 모든 과정을 문제없이 운영해갔다. 안주하지 않고 계속 도전하는 시스템, 열정적이고 실력 있는 교사들, 신뢰할 수 있는 학교 책임자가 어우러져 만든 성과라 생각한다.

딸이 NCA를 졸업한 지 몇 해가 지났는데도 우리 가족은 IB 교육에 대해 가끔 이야기한다. 그만큼 아이가 지식을 쌓고 세상에 접근하는 데 큰 도움이 되었기 때문이다. 실제로 딸은 대학에서 공부하면서 IB 교육 경험이 많은 도움이 되었다고 말한다. 어느새 대학 졸업반이 된 딸은 자신의 더 큰 미래를 개척해가고 있다.

우리 부부는 아이에게 가장 중요한 시기에 매우 올바른 선택을 했음을 참 다행으로 여긴다. 비단 명문대 진학뿐 아니라, 아이에게 우리가 주고 싶었던 많은 것을 IB 교육과 NCA로부터 얻었기 때문이다. 중고등학교 과정은 단순히 대학에 진학하기 위한 과정이 아니라 한 사람이 훌륭한 개인이자 시민이 되기 위한 준비 과정이라고 생각한다. 그런 의미에서 IB 교육은 지식에 접근하는 자세부터 시작해 문제 해결 능력, 자기 관리 능력을 다각도로 연마하게 해주었다. 자녀의 IB 교육을 염두에 두고 고민하는 학부모가 있다면 도전해볼 것을 적극 추천한다.

아이가 당당히 세상으로 나아갈

인큐베이터가 되어준 IB, 그리고 NCA

-김용미(2023년 NCA 졸업생의 어머니)

지난여름의 끝자락, 대학 신입생이 된 아이를 기숙사에 데려다주고 함께 캠퍼스 구석구석을 둘러보았다. 시원한 바닷바람과 뜨거운 햇살이 드리운 캘리포니아대학 샌타바버라 캠퍼스는 그 자체도 아름다웠지만, 그 안을 누비는 활기 넘치는 청춘들로 인해 더욱 눈이 부셨다. 아이의 얼굴에 새롭게 펼쳐질 대학 생활에 대한 기대와 흥분이 가득했다. 그런 아이를 보자니 흐뭇한 웃음이 새어 나왔지만, 아이만 혼자 두고 돌아갈 생각을 하면 마음이 허전하기도 했다. 하지만 지난 4년을 표현할 수 있는 최고의 단어는 그저 '감사'였다.

딸아이는 어려서부터 이기는 것에 도무지 관심이 없었다. 다른 사람을 돕는 일에 더 마음을 쏟았고, 그래서인지 학업 면에서 또래 아이들보다 느리게 성장했다. 아이가 초등학교를 졸업할 무렵 우리 부부는 아이의 기질과 성향, 공부에 대한 부담을 고려해 대안 중학교를 선택했다. 다행히 아이는 독서하듯 여행하듯 다니며 학교에 마음을 붙이는 것 같았다.

중학교 졸업반 무렵 사춘기를 맞은 아이는 여러 친구와 자신을 견주어 보며 자신의 미래에 대해 고민을 시작했다. 그러던 어느 날 모두가 다 대학에 가야 하는 건 아니지 않느냐고 묻더니 자신은 대학에 가지 않겠다

188

고 선언했다. 부모로서 마음이 퍽 복잡했지만 다그치기보다 일단 기다리는 것을 택했다. 지금 생각해보면 아이는 원하는 지점에 도달할 수 없으리라는 막연한 불안감을 그렇게 표현한 것 같다.

아이가 유학 이야기를 꺼냈을 때 처음부터 긍정적으로 반응한 건 아니다. 대안학교 졸업 후 외국으로 진학한 선배가 학교를 찾았는데, 그 사소한 경험을 통해 아이는 새로운 길에서 자신의 앞날을 그리기 시작한 모양이다. 아이의 고민과 결심이 매우 진지하다는 걸 이해한 우리 부부는 믿고 아이를 보낼 수 있는 곳을 수소문했다. 짧지 않은 고민의 시간을 거쳐 아이는 한국 고등학교에서 한 학기를 마치고 NCA에 9학년으로 입학했다. 당시 딸아이는 미국 고등학교에서 공부할 만큼의 실력을 갖추지 못했다. 영어 실력도 다른 학업 성적도 많이 부족했다. 그런데도 아이의 고민과 절실함, 지원 동기를 이해하신 NCA 교장 선생님이 입학 기회를 주셨다.

평생 처음으로 부모 없이 낯선 곳에 혼자 도착한 딸아이는 따뜻한 환대 속에서 학교와 홈스테이 가정에 적응해갔다. 작은 학교의 세심한 보살핌은 곳곳에서 빛났다. 기존 재학생들 사이에 빨리 적응할 수 있도록 친구를 연결해주었고, 다양한 교내외 활동에 초대되었으며, 여러 선생님과 학습과 생활, 신앙을 매개로 친밀감을 쌓았다. NCA 선생님들은 아이가 부족한 공부를 보충하려고 노력할 때마다 같이 방법을 찾아주시고, 아이의 미미한 성취와 더딘 발전도 넘치는 칭찬으로 격려해주셨다. 이런 시간이 쌓여 가며 위축되었던 마음이 풀어졌고, 아이는 점차 자신감을 얻고 학교와 공부에 적응할 수 있었다.

딸아이가 다 표현하지는 않았지만 수많은 실수와 실패가 있었을 것이다. 공부에 대한 막막함으로 눈물 흘린 밤도 많았을 것이다. 그러나 아이는 그 속에서 좌절하지 않았고 포기하지 않았다. 넘어져도 괜찮은 안전한 교육 환경과 전적으로 신뢰할 수 있는 선생님들이 아이가 자신을 믿고 계속 도전할 힘을 주었다고 생각한다.

자녀를 조기 유학 보내는 부모는 대부분 아이가 영어와 현지 문화에 빨리 적응하기를 바라는 마음에 가능하면 한국인이 적은 곳을 선택한다. 우리 부부 또한 그런 부분에 대한 염려가 있었다. 하지만 그것보다 더 중요한 것이 신뢰할 수 있는 환경이어야 한다고 생각했다. 그런 점에서 NCA는 비교할 수 없이 좋은 선택지였다.

NCA에서 보낸 4년의 고등학교 시간은 딸아이에게 인큐베이터에서 지낸 시간과도 같았다. 모태에서 충분히 자라지 못하고 일찍 세상에 나온 아기들을 건강하게 키워내는 인큐베이터처럼, 세상이라는 큰 파도 앞에 설 준비가 부족했던 딸아이는 지난 4년 동안 NCA가 공급하는 자양분을 먹으며 성장했다. 본인에게 익숙한 세계와 보호자인 부모를 떠나 낯선 언어와 문화에서 홀로서기를 준비하는 아이에게 NCA는 문화적 완충 지대이자 인큐베이터였던 셈이다.

IB 프로그램은 한국에서 비교적 낯선 이름이라 세세한 장점을 잘 알지 못했다. 한데 딸이 공부하는 것을 지켜보니 기존의 공부 방식과는 전혀 다른 모습이 많았다. 가끔 IB 선생님들은 마법사의 지팡이를 가졌나 싶게 아이에게서 의욕을 끌어냈다. 개별 학생이 자기 수준에 맞춰 목표를 설정하고 이를 차츰 높여갈 수 있도록 유도했으며, 스스로 해낼 수 있도록 시간과 기회를 주고 기다려주었다.

이 과정이 차곡차곡 쌓이며 성취감을 맛본 딸아이는 더 어려운 목표에 도전하기를 겁내지 않았다. 이 모든 시간이 아이에게 새로운 꿈을 꾸고 도전할 에너지를 주었다고 생각한다. 공부는 여전히 어렵다며 투덜댔지만 아이는 어느새 결국 자신이 해낼 것이라는 믿음을 갖고 있었다. 치열하게 노력했고 때로 경쟁하기도 했지만 그것조차 관대했던 4년의 시간은 딸아이를 단단하게 성장시켰다. 딸아이는 복수의 대학에 합격해 선택을 고민하는 행운도 누렸다. 익숙한 대도시와 가까운 작은 사립대학을 권하는 내게 아이가 말했다. 이제 자신은 더 넓은 세상으로 나가고 싶다고. 모든 것에 시큰둥하던 중학생 시절의 딸을 떠올려보면 그야말로 눈물겨운 성장이다.

딸아이가 스스로 설 힘이 생기기까지 기다려주고 지원해주신 학교와 선생님들께 말로 표현할 수 없는 고마운 마음을 전한다. 그리고 아이의 삶을 계획하시고 여기까지 인도해오신, 우리 가정의 등불이 되어주시는 하나님께 감사드린다.

부록

대담:
IB를 통해 그리는
미래를 위한 교육

아이들은 무엇을 생각할지가 아니라
어떻게 생각할지 배워야 한다.
-마거릿 미드

Children must be taught
how to think, not what to think.
-Margaret Mead

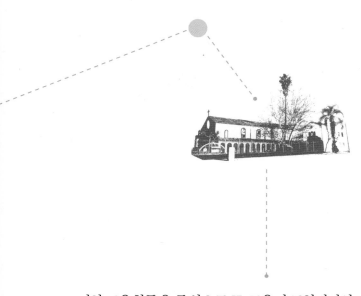

　지역 교육청들을 중심으로 IB 교육이 도입되면서 다양한 채널을 통해 IB 교육에 대한 논의가 이어지고 있다. 하지만 현장의 교사들은 여전히 정보 부족을 절감하는데, 실제 IB 교육을 진행하고 경험한 교사들의 구체적인 이야기를 들을 기회가 드물기 때문이다. 또 기본 IB 교육은 영어와 프랑스어, 스페인어를 공용어로 사용하기에 우리말로 완전히 몰입할 수 있는 수업 현장과 안내가 특히 부족하다. 그래서 미국 LA에서 15년째 IB 교육을 진행해온 NCA의 제이슨 송 교장과 경기도교육청 IB 정책실행연구회의 신혜수 교사가 만났다. 서로 다른 나라, 다른 교육 현장에서 일하는 두 사람에게 IB 교육에 대한 구체적인 논의를 부탁했다. 소수의 학부모가 배석한 가운데 두 교사가 나눈 이야기를 정리해 옮긴다.

　(편집부 주)

대담 참석자

제이슨 송(캘리포니아 New Covenant Academy 교장)

신혜수(경기 현암중학교 역사 교사·경기도교육청 IB 정책실행연구회 연구위원)

이창기(NCA 학부모), 김용미(NCA 학부모)

사회자(스텝스톤 편집부)

사회자: 안녕하십니까? NCA 제이슨 송 교장 선생님, 현암중학교 신혜수 선생님, 귀한 시간 내주셔서 감사합니다.

제이슨 송: 안녕하세요? 반갑습니다.

신혜수: 안녕하세요? 처음 뵙겠습니다.

1. 포스트 코로나

❝배움과 학습의 누적 속에서 성장하는 아이들 입장에서는 손실이 큽니다. 아이들이 세상을 경험할 2년의 시간을 놓쳤다는 면에서 앞으로 두고두고 채워가야 하지 않을까 합니다. 학습은 물론 또래 집단과 지내기, 규칙 지키기 등 사회적 기능을 모두 포괄해서요. 그걸 만회하려면 아마 10년에서 길게는 15년은 걸릴 것으로 보고 있습니다.❞

사회자: 코로나19 이야기부터 시작해보겠습니다. 코로나19를 겪고 아이들 학력이 전반적으로 떨어졌다는 통계 보고가 많았습니다. 경제적 격차나 지역 격차가 심화하였고, 이것이 아이들 학력에 그대로 반영되는 문제도 드러났고요. 또 온라인 수업, 온·오프 병행 수업 등을 시스템이 아닌 교사 개개인의 능력에 기대는 문제에 대한 지적도 컸습니다. 반대로 그간 우리 사회에서 부정적 시선이 있었던 학교가 아이들 교육과 보호에 여전히 상당한 역할을 하는 것이 증명되었다는 의견도 있습니다.

NCA가 있는 미국 캘리포니아주의 상황은 어떠했는지, 또 코로나19 이후 학교는 어떤 점이 크게 달라졌는지 궁금합니다.

제이슨 송: 미국은 주마다, 학군마다 대응이 달랐습니다. LA나 샌프란시스코, 워싱턴 D.C처럼 진보적 성격이 강한 도시들은 모든 학교를

196

폐쇄했습니다. LA 교육구 내에 소재한 우리 학교도 정책에 따라 문을 닫을 수밖에 없었습니다.

미국 교육계에서도 학교가 문을 닫은 상황에서 아이들에게 무엇을 어떻게 제공할 것인지 논의가 많았지만, 아무것도 할 수 없다는 무력감이 컸습니다. 초유의 상황이라 무엇을 어떻게 해야 할지 몰랐으니까요. LA 교육구에 약 50만 명의 아이들이 있는데, 온라인으로 이들 모두를 끌고 갈 기술이나 시스템이 준비되어 있지 않았습니다. 급하게 재정을 투입해서 연결망과 소프트웨어를 보급하고 줌을 통해 온라인 교육을 시작했어요.

코로나19가 학교 교육에 끼친 영향은 세계적으로 공통적인 것 같습니다. 말씀하신 것처럼 학생들의 학력 저조 문제가 나타났습니다. 그에 대해 미국도 고민이 큽니다. 체계적으로 준비되지 않은 상태에서 갑작스럽게 온라인 교육을 도입하면서 교사와 아이들 모두 당황하고 어려워했어요.

미국의 경우 두드러진 점은 유의미한 수치의 학부모가 아이들을 아예 쉬게 했다는 점입니다. 어릴수록 그 비율이 높았죠. 미국은 1, 2년 학교 과정이 늦는다고 특별히 문제될 것이 없고, 또 홈스쿨링에 거부감이 적기 때문에 그런 결정을 내렸다고 생각합니다. 재택근무를 하는 부모들과 함께 집에 있었던 거죠.

팬데믹 완화로 학교가 열리면서 2년 동안 학습 기회를 놓친 아이들을 어디서부터 가르쳐야 하느냐는 논의가 있었어요. 95~97% 가량의 아이들 학습 상태가 이전 상태에 머물러 있었거든요. 3학년 아이가 5학년이 되어서 왔는데, 5학년 선생님은 무엇을 가르쳐야 하는지 혼란한 거예요. 5학년 수업을 진행하면 아이들이 따라오지 못하니, 5학년 선생님이 3학년 과정을 연구해 가르치는 상황이 펼쳐졌습니다. 그래서 여러 교육구 공립학교에서 방학을 이용해 코로나19로 놓친 학습을 보충하려고 러닝 메이크업(learning make-up) 과정을 열었는데 참여율이 높지 않았습니다. 2년여를 집에 갇혀 지냈는데 방학까지 반납한 채 공부하고 싶지는 않은 거예요. 그 마음도 이해가 가죠.

겨우 2년이라고 생각하는 이들도 있지만, 배움과 학습의 누적 속에서 성장하는 아이들 입장에서는 손실이 큽니다. 아이들이 세상을 경험할 2년의 시간을 놓쳤다는 면에서 앞으로 두고두고 채워가야 하지 않을까 합니다. 학습은 물론 또래 집단과 지내기, 규칙 지키기 등 사회적 기능을 모두 포괄해서요. 그걸 만회하려면 아마 10년에서 길게는 15년은 걸릴 것이라고 저는 보고 있습니다.

사회자: 생각보다 장기적으로 암울한 상황이네요. 그런데 NCA는 기존에 구축해 놓은 온라인 시스템이 있어 팬데믹 동안 원활하게 수업을 이어갔다고 들었습니다. 어떻게 그게 가능했습니까?

제이슨 송 ▲

2. 온·오프라인 병행 학습

❝하이브리드 러닝이 심화하면 교사를 대체하지 않겠느냐는 이야기를 종종 듣습니다. 저는 그렇게 생각하지 않습니다. 모든 건 그냥 선생님들이 사용하는 도구, 일종의 툴입니다. AI가 본격적으로 도입되면 교사의 역할이 어떻게 달라질지 모른다는 의견이 있지만, 저는 질문하고 구성하는 교사의 역할은 필수적이라고 생각합니다.❞

제이슨 송: 저희가 팬데믹 사태를 알고 준비한 게 당연히 아닙니다. (웃음) 오래전에 사소한 계기로 온라인 수업 툴을 도입했고, 제법 오래 병행해오고 있었습니다. 캠프에 가서 학생들과 신나게 농구하다가 제가 나동그라졌어요. 허리를 다쳐서 몇 주 동안 집에 누워 있어야 했습니다. 그래서 누워서 할 수 있는 걸 이것저것 찾아보다 발견한 게 온라인 플랫폼이었습니다.

신혜수: 역시 사람은 딴짓을 해야 합니다. (웃음)

제이슨 송: 맞습니다. (웃음) 그게 2008년이니까 벌써 15년 전 이야기입니다. 당시에도 온라인 수업이란 용어가 등장했지만, 신통찮다는 평가가 더 많았습니다. 그런데 무들(moodle)이란 사이트를 보는데 어, 이거 괜찮겠다 싶은 겁니다. 계속 찾아보니 몇몇 플랫폼이 추려지고 나름의 장단점이 보이더라고요. 온라인 토론이 가능하고 퀴즈

기능 등이 있는 새로운 플랫폼을 보니 아이들이 흥미 있어 하겠더라고요. 그래서 얼마 뒤 학교에 돌아가 교사들과 함께 조사를 이어갔습니다.

하지만 어디까지나 수업의 질과 효과를 높이기 위한 저와 교사들의 시도였지, 어떤 거창한 목적이 있거나 마감을 두고 준비한 게 아니었어요. 하나하나 사용해보면서 이건 아니다, 이거는 조금 도움이 된다, 이거는 정말 좋다 이렇게 분류하는 데만 거의 4~5년이 걸렸습니다. 시간이 가면서 조금씩 노하우가 생기고, 또 저희가 직접 만든 콘텐츠도 쌓이면서 여러 수업에서 대면 수업과 온라인 학습을 병행하는 게 자연스럽게 이루어졌습니다. 온라인에서 퀴즈를 풀어보고, 평가까지 받는 시스템을 갖추니 이용 빈도도 확실히 늘었습니다.

그래서 학교 폐쇄 기간에 큰 어려움 없이 수업을 이어갈 수 있었습니다. 온라인 교육이라는 게 시스템적으로, 또 콘텐츠를 모으는 데도 시간이 걸리는 터라 공립학교는 물론이고 많은 사립학교가 바로바로 대처하지 못했습니다. 계속 말씀드리지만 저희가 뭘 알고 한 게 아니었습니다. 그저 운이 좋았던 거죠. 개인적으로 저와 교사들이 새로운 방향을 탐구하고 시도하고 도전한 게 의미가 있었구나 하는 마음에 뿌듯했습니다.

사회자: 새로운 방향에 대한 탐구와 시도, 도전이란 말씀이 핵심이네요.

그런데 온라인 교육에 대해서는 교육계에서도 여전히 의견이 나뉘지 않습니까? 교장 선생님은 온라인 교육을 긍정적으로 평가하시나요?

제이슨 송: 하이브리드 러닝(hybrid learning)이라고 하죠. 정도의 차이가 있을 뿐 이제 온라인 교육은 교육의 필수 요소라고 봅니다. 요즘 아이들은 디지털 네이티브(digital native)입니다. 디지털과 온라인이 기본값이라고 할까요. 그런 아이들에게 맞는 툴을 적재적소에 활용하는 건 필요를 넘어 필수입니다.

저희가 몇 년 동안 시행착오를 거치면서 온라인 교육을 제대로 하기 위해 노력한 건 단순히 저희 교사들이 보니 좋아서가 아닙니다. 여러 연구 보고서를 통해서 24시간 학습에 필요한 교재를 제공하고, 또 학생이 시험을 보고 바로 평가할 수 있는 시스템을 제공하면, 아이들이 학업에 흥미를 갖고 집중하는 정도나 시간이 올라간다는 걸 확인했기 때문입니다. 실제로 적용해보니 정말로 도움이 되더라고요. 이제는 많은 학교가 성적을 비롯해 행정 대부분을 LMS(학습 관리 시스템)로 진행하지 않습니까. 온라인 수업 역시 그 일부라고 생각합니다.

신혜수: 네, 한국 학교에서도 온라인 활용 수업은 보편적입니다. 다만 그 플랫폼이 EBS 등 제한적이라는 아쉬움이 있습니다. 앞서 말씀하신 무들(moodle)은 대학생용으로 알고 있는데, 초중고생이 이용

하기에는 어려움이 있지 않습니까?

제이슨 송: 맞습니다. 미국의 여러 대학이 무들 플랫폼을 통해 온라인 강의를 실시하고 시험을 봅니다. 저희도 초반에 시도하다 지나왔어요. LA 교육구 공립학교는 스쿨로지(schoology)라는 플랫폼을 사용하는데 이곳도 지나왔습니다. 현재 미국 학교에서 주로 사용하는 교육 플랫폼은 10여 개 정도로 추릴 수 있습니다. 이 중 절반은 대학 과정 이상에 적합하고, 나머지가 초중고생에게 조금더 맞는 사용 환경을 구축한 상태입니다.

여러 시행착오를 거쳐 지금 저희는 교재 전문 출판사 피어슨(pearson)이 만든 플랫폼을 이용하고 있습니다. 이곳의 장점은 좋은 콘텐츠가 풍부하고, 동시에 저희가 직접 만든 콘텐츠도 활용할 수 있다는 점입니다. 현재 저희는 온·오프라인 수업을 50:50으로 운영하는 것을 목표로 하고 있습니다. 과목, 학습자 학령, 학습 목표에 따라 조금씩 달라져야 하지만요. 저희는 이 툴을 보충교재 정도로 사용하는데, 아이들이 확실히 재미있어합니다. 어찌 보면 아이들 반응에 따라 움직인 겁니다.

신해수: 교사가 다양한 플랫폼을 익히면서 그것을 수업과 접목하는 건 만만찮은 노력과 도전일 것 같긴 합니다.

제이슨 송: 그렇습니다. 이게 저를 포함한 기성세대에게 자주 '허들'이 됩니다. 경력이 오래된 교사들이 더 어려워하는 이유고요. 하지만 디

지털이 훨씬 자연스러운 세대에게 맞는 교육 방법을 계속 궁리해야 하는 게 현실입니다. 그게 아이들에게 도움이 된다면 덤벼야죠. (웃음) 개인적으로 팬데믹을 통해 교사들이 기존 교재 중심의 대면 수업이 더는 충분하지 않다고 인지한 건 긍정적이라고 생각합니다.

신혜수: NCA가 작은 사립학교라 가능하고 유리한 부분도 있네요. 한국의 공립학교는 조금 입장이 다른데요, 교사 관점에서 코앞에 닥친 과제 중 하나가 온라인 툴로 사용할 에듀테크(edu-tech)를 선별하는 것입니다. 기존 EBS처럼 정부와 교육부가 직접 공급하지 않을 경우, 그러니까 일반 기업들의 경쟁장으로 흘러가면 자칫 학교와 교사가 그것을 판매하는 창구가 되지는 않을까 하는 걱정이 있습니다. 반대로 또 정부 주도의 단일 콘텐츠로 가게 되면 교사의 수업이 획일화될 수 있다는 우려가 있고요.

제이슨 송: 어려운 문제네요. 수업에 관해서는 교사에게 전적인 권한을 줘야 하는데요.

사회자: 그 맥락에서 온라인 교육의 비중이 계속 늘어난다고 가정할 때 교사의 역할은 어떻게 된다고 보시나요?

제이슨 송: 하이브리드 러닝이 심화하면 교사를 대체하지 않겠느냐는 이야기를 종종 듣습니다. 10년 이상 경험한 입장에서 보자면, 저는 그렇게 생각하지 않습니다. 모든 건 그냥 선생님들이 사용하는 도

신혜수 ▲

구, 일종의 툴입니다.

우리 학교도 처음부터 모든 교사가 환영하지는 않았습니다. 번거롭기도 하고, 교사의 영역이 바뀐다는 거부감도 있었습니다. 하지만 한번 도입하면 매년 조금씩만 업데이트해서 사용하면 되고, 아이들과의 상호작용이 빨라지니 아이들은 물론 교사의 만족도가 높아지더군요. 그걸 옆에서 지켜본 교사들이 점차 따라 하기 시작했고요. AI가 본격적으로 도입되면 교사의 역할이 어떻게 달라질지 모른다는 의견이 있지만, 저는 질문하고 구성하는 교사의 역할은 필수적이라고 생각합니다.

3. 교사의 역할은 지식 큐레이터와 코치

❝교사가 코칭을 한다는 건 학생 개개인의 장단점을 세밀하게 알고, 그 수준에 맞는 구체적인 주문과 격려를 적절한 시점에 처방한다는 겁니다. 모든 답을 즉각적으로 알려주는 사람이 아니라요. 그럴 때 학생은 진짜 동기부여가 되고 달려갈 방향이 잡히고 공부의 맛을 느낄 겁니다.❞

신혜수: 그 점은 저도 그렇게 생각합니다. 지식 정보의 종류와 접근법이 총체적으로 바뀐 시대 아닙니까. 정보로 접근해서 보자면 교사가 아는 걸 아이들도 절대 모르지 않거든요. 어쩌면 정보 검색

능력은 아이들이 교사보다 훨씬 뛰어날 겁니다. 다만 그 방대한 정보를 어떻게 접근하고 취합하고 분석할 수 있는지 그걸 안내하는 것, 그래서 궁극적으로 스스로 판단할 수 있게 이끌고 돕는 게 교사의 역할이라고 생각합니다. 일종의 큐레이션과 리터러시 교육이라고 할까요.

제이슨 송: 전적으로 동감합니다. 그 정보를 어떻게 분석하고 취합할 수 있는지, 무엇을 의심하고 무엇을 신뢰할지 그 길을 안내하고 가르쳐주는 게 교사의 역할이라고 생각합니다. 덧붙여 미국에서는 '교육은 티칭이 아니라 코칭이다'라는 표현을 자주 사용합니다. 이 코칭 개념에 대해서는 스탠퍼드대학의 폴 김 교수님이 설명을 기막히게 해주셨어요.

이분이 유학 초기 영어가 원활하지 않을 때, 대학에서 영어를 덜 쓰겠다는 사심으로 음악 감상 수업을 들었다고 해요. 음악을 듣는 것은 정말 좋았는데, 감상에 대한 소감을 써내자니 너무 어려운 거예요. 그래서 아주 평범한 몇 문장을 써냈더니, 담당 교수님이 네가 느낀 것을 모국어로 써 오라고 하신 거예요.

진짜 한국어로 써서 가져갔더니 사전을 주면서 설명해보라고 하시더래요. 그래서 더듬더듬 단어 하나하나 설명했다고 해요. 아마 한국어로 쓰인 몇 페이지 에세이를 이해하기 위해 이 교수님은 시간을 몇 배로 투자했을 겁니다. 그런데 평가 결과가 좋았답니

다. 이 교수님은 영어 실력이 아니라 음악 감상과 그 노력에 대해
평가해준 겁니다. 그 전에 이 학생에 대한 세심한 파악이 있었을
거고요.

교사가 코칭을 한다는 건 이렇게 학생 개개인의 장단점을 세밀하
게 알고, 그 수준에 맞는 구체적인 주문과 격려를 적절한 시점에
처방한다는 겁니다. 모든 답을 다 알려주는 사람이 아니라요. 그
럴 때 학생은 진짜 동기부여가 되고 방향이 잡히고 공부의 맛을
느낄 겁니다.

사회자: 본격적으로 IB에 관한 이야기로 넘어가지요. 신혜수 선생님은 경
기도교육청 IB 정책실행연구회 연구위원으로도 활동하고 계십
니다. 구체적인 질문이 많으실 것 같은데요.

신혜수: 네, 현재 경기도교육청이 IB 도입을 매우 구체화하고 있습니다.
한국 교육계와 이해관계가 얽히지 않은 입장에서, 또 IB 학교를
15년째 이끌어온 경험자로서 한국에 IB가 어떤 방식으로 전파되
는 게 바람직하다고 보시는지 궁금합니다.

제이슨 송: 제가 한국 상황을 잘 모르지만, 기존에 있는 시스템을 완전히 뒤
엎어서 가는 것은 바람직하지 않다고 생각합니다. 저는 미국 상
황만 아니까 그에 기초해서 말씀드릴게요. DP 과정으로 한정해
보자면 미국은 공립학교의 약 95%, 최소 90%가 기존 AP 학교로
남아 있습니다. 몇몇 학교가 옵션으로 IB 교육을 시도하는 겁니

다. 사립학교나 차터 스쿨은 선택이 비교적 자유로우니, AP와 IB 반반으로 가거나 혹은 아예 IB 교육으로 가거나 합니다.

즉, 미국은 공식적으로 주 단위, 카운티 단위, 교육구 단위로 IB를 도입한 것이 아닙니다. 개별 학교가 도입 여부를 자체적으로 결정합니다.

차터 스쿨은 지역에 마땅한 공립학교가 없을 때, 주 정부의 교육 예산을 이용해 주민이나 학부모가 모여서 교육위원회를 만들어 교육과정을 결정하는 시스템인데요. 교육 경쟁력이 있는 학교를 만들어서 해당 지역의 교육 예산과 아이들이 빠져나가는 것을 막는 거죠. 이런 경우 지역 예산에 학부모가 재정을 십시일반 추가해 IB 교육을 선택하기도 합니다.

한국에서도 이런 식으로 몇몇 학교들이 능동적으로 IB 프로그램을 시도하는 게 맞지 않을까 싶습니다. 무엇보다 IB의 교육 철학에 대해 충분히 이해한 다음에 이를 시도해보고 싶은 이들이 모여서 진행하는 게 좋지 않을까요.

4. IB 교육의 철학과 마인드셋 위에서만 가능

" IB 교육은 초반에 배울 것이 한둘이 아닙니다. 교사들은 레벨 훈련도 받아야 하고요. 확실한 건 그 단계를 지나면 IBO는 손을 뗍니다. 학교가 궤도에 올라 인증을 받고 나면, 다음부터는 학생들의 성취로 모든 걸 알 수 있거든요. 그런데 IBO가 원하는 성취 수준은 초반의 그 과정 없이는, 학교 책임자와 교사가 IB 마인드셋을 갖추지 않은 상태에서는 도달할 수 없습니다.**"**

신혜수: 동의합니다. 일부에서 전체를 다 바꿔야 하는 것처럼 이야기하는데 현실적으로 일반 공교육과 IB 교육이 공존하는 게 맞지 않을까 합니다. 특히 입시와 밀접한 고교 과정에 도입하는 것은 더 치밀한 준비가 필요해 보입니다.

제가 가르치는 용인, 성남 지역만 해도 이런저런 교육을 해보자고 하면, 학교 내외부에서 바로 나오는 질문이 '그게 애들 대학 가는 데 도움이 됩니까?'입니다. 진학계 학교, 학구열 높은 지역 학교에서 너무도 당연한 질문이거든요. 물론 대입 몰입 교육은 문제지만 그 부분 논의는 차치하고요. 조금은 열린 자세로 접근할 수 있는 외곽 지역, 어쩌면 기존 교육 방식에서 소외되고 차별받았던 곳에 선택권을 주고 시작하는 게 바람직하지 않은가 합니다. 그런 학교에서 기존과 다른 방식의 교육을 원하는 아이들을 대상으로 IB 교육을 진행한다면 효과가 있을 거란 생각이 들거든요.

사회자: IBO 자료를 보니 실제로 미국 전체 저소득 가구 학생들의 대학 진학률이 46%인 데 비해, 이 저소득 가구 비율이 높은 타이틀 원

(Title 1) 학교에서 IBDP를 수료한 고교생의 대학 진학률은 82% 입니다. 거의 두 배에 달하는 수치죠. 여건이 좋지 않은 아이들에게 기존 시스템과 다른 방식으로 양질의 교육을 받을 기회를 준다면 좋은 성취가 나올 수 있다고 볼 수 있겠습니다.

신혜수: 그럴 거라 생각됩니다. 대신 저소득층에 혜택을 주는 방식으로 접근하면 일종의 낙인찍기가 될 수도 있고, 반대로 역차별 논란이 나올 수도 있으니 여전히 충분한 논의가 필요합니다. 또 IBDP 과정을 입시 성적으로 인정하는 국내 대학이 아직 소수이기 때문에 이 부분은 조금 더 시간이 걸릴 듯하고요. 유럽이나 미국 대학 진학이 많이 열려 있지만 그게 한국의 학생 대다수가 고려하는 선택지는 아니니까요.

그런데 현시점에서 현장 교사들이 실질적으로 느끼는 가장 큰 어려움은 IBO입니다. 실제 준비 과정에서 보면 IBO의 통제가 너무 지나치다는 의견입니다. 교사는 매뉴얼대로 적용하는 프랜차이즈 카페의 직원이 아니지 않습니까. 이런 식이라면 개별 수업에 대한 교사의 자율성은 어떻게 확보할 수 있는가 하는 염려도 있습니다.

제이슨 송: 아하, 어떤 상황인지 짐작이 됩니다. (웃음) 저는 IBO 관계자가 아니므로 지극히 개인적인 의견임을 전제로 말씀드립니다. IB 프로그램을 도입하는 과정에서 IBO가 매우 엄격한 것은 사실입니다.

초반에 보면 IB 용어부터 IB의 철학까지 배울 것이 한둘이 아닙니다. 교사들은 레벨 훈련도 받아야 하고요. 그 단계가 교사들에게 매우 부담스럽다는 것도 이해합니다. 확실한 건 그 단계를 지나면 IBO는 손을 뗍니다.

학교가 궤도에 올라 인증을 받고 나면, 다음부터는 학생들의 성취로 모든 걸 알 수 있거든요. 그런데 IBO가 원하는 성취 수준은 초반의 그 과정과 절차 없이는, 학교 책임자와 교사가 IB 마인드셋을 갖추지 않은 상태에서는 도달할 수 없습니다. 그래서 그렇게 까다롭다고 보면 됩니다.

사회자: 거기다 외국어로 소통해야 하는 어려움도 분명히 있을 것 같습니다. 단순히 여행용 회화가 아니라 철학과 학습 도구어, 평가 기준 등 기본 척도를 매우 세심하고 정교하게 다듬어야 하니 여러모로 만만찮을 겁니다.

신혜수: 네, 번역 과정도 정말 어려운 부분입니다. 하지만 IBO가 현재 교사들에게 요구하는 것을 보면 한국 교육과정에 대한 이해가 몹시 부족하다는 생각이 들거든요. 현장에서 준비하는 관심 학교 교사들은 상급 기관이 하나 더 생긴 느낌으로 일하던데 교장 선생님은 어떻게 생각하시나요?

제이슨 송: 교사들로서는 새로운 관점과 방식을 훈련하는 게 부담이 될 겁니다. 이게 단지 기능이나 지식 정보의 문제가 아니라, 어쩌면 교육

을 바라보는 관점 자체를 다시 세팅하자는 거니까요.

하지만 IBO가 상급 기관처럼 군다고는 전혀 생각하지 않습니다. IBO는 교사를 함께 고민하는 동등한 구성원으로 보지, 산하단체로 보지 않습니다. 15년째 IB 교육을 하는 제가 아는 IBO는 수준 높은 커리큘럼과 교수법을 개발하고, 그것을 교사에게 전달해서 학습자의 성장이 가능하게 도모하는 조직입니다. 더불어 자신 있게 말씀드릴 수 있는데, IB 교육은 현지의 교육과정을 존중하고 인정합니다.

IB의 철학이 서로 다른 것을 인정하는 것에서 출발하는데, IBO가 현지 교육을 존중하지 않는다면 어불성설 아니겠습니까. 또 IBO의 몇몇 소수가 모든 정보와 소스를 갖고 통제한다면 IB의 철학과는 그야말로 동떨어진 거죠.

저는 반대로 IB 교육 도입에 대해 현장 교사들 사이에서 충분한 논의가 있었는지 궁금합니다.

신혜수: 저를 포함해 IB 교육에 관심 있는 교사가 많습니다. 장점이 많은 프로그램이니까요. 하지만 현실적으로는 정책이 결정되어 톱다운 방식으로 내려온 것이라 현장 교사들 입장에서 논의는 충분하지 않았다고 봅니다.

정책 입안자들 역시 내부의 동의와 설득이 필요하다고 생각하지만, 거기에 들일 시간과 인력, 자원이 부족하다 보니 추진부터 해

▲ 제이슨 송

보자는 쪽으로 가닥을 잡은 것 같아요. 그러다 보니 교사들은 IB 교육의 철학과 전반적인 지향점에 대해 충분히 탐색할 기회 없이 떠밀린 느낌이 들기도 하고요. 또 모든 조직이 그렇듯 변화나 도전을 거부하는 교사도 당연히 있습니다.

제이슨 송: 저도 교사지만 교사 집단이 설득하기 쉽지 않은 그룹인 것은 맞습니다. (웃음) 톱다운 방식은 잠시는 진행될지 모르지만 지속 가능하지는 않다고 생각합니다. IB는 철학적 동의가 매우 중요한 교육이라 지시만으로는 진행하기 어렵거든요.

저와 같이 초반에 NCA를 꾸려온 교사 한 분은 IB 교육이 안 맞는다며 떠났습니다. 제가 3년을 기다리면서 설득했는데 안 되더

라고요. 해보겠다 했지만 결국 못하겠다고 떠났습니다. 일반 학교로 가셨는데 가르치던 그 스타일대로 잘 가르치고 계세요. 그런 교사가 있는가 하면, 교사 훈련 과정을 마치고 IB 수업을 적용하면서 '내가 요즘처럼 가르치는 일이 신나는 건 처음이다', '이렇게 재미있을 줄 미처 몰랐다'라며 기뻐하는 교사도 많습니다. NCA에는 후자 쪽이 훨씬 많죠. 그러니까 IB를 찬성하거나 반대하는 게 옳고 그름의 문제는 아닙니다. 대신 동참하는 이들, 특히 교사들의 마인드셋은 정말 중요합니다.

신혜수: 옳고 그름의 문제가 아니라는 데 공감합니다. 또 정책 입안자들도 이해 가는 부분은 있습니다. 최근 몇 년 사이 학교를 그만두고

검정고시를 치르고, 수능을 준비하는 아이들이 유의미한 수치로 증가하고 있습니다. 학교로부터 지적 충족을 받지 못하는 아이도 있고, 내신과 수행평가 등 힘든 과정을 거치는 것보다 바로 입시를 보는 게 편하다고 판단하는 경우도 많고요. 요즘 아이들은 이를 두고 '학교 끊었어요'라고 표현하더라고요. 구독 서비스를 중단하거나, 피아노 학원을 그만두듯이요.

이런 현실에 심각성을 느낀 정책 입안자들이 IB 교육의 장점을 통해 우리 교육을 환기하고 고쳐보려는 의도가 보인달까요. 좋은 의도일 거고, 좋은 시도라고 생각합니다. 그러나 톱다운 방식으로 전달되다보니 IB 교육에 대한 큰 그림과 철학적 접근을 보여주지 못하는 아쉬움이 있습니다.

자연히 이걸 수업에 적용해야 하는 현장 교사들은 충분히 연구하고 고민할 수 있는 장이 부족하죠. 한국 공립학교에서 교사는 발령을 받아 움직이는데, 지원하지 않은 교사가 관심 학교로 발령받아 훈련을 받아야 하는 상황이 펼쳐질 수 있고요. 반대로 학교 입장에서는 훈련받도록 다 지원해줬는데 교사가 다른 학교로 가버리는 상황도 생길 수 있는 거죠.

제이슨 송: 그렇게 되면 정말 문제겠는데요. 그래서 더 작은 규모로, 진짜 IB 교육의 철학에 관심 있고 동의하는 학교와 교사, 학부모와 학생이 선택하는 방식을 권하고 싶네요.

사회자: 신 선생님은 IB 교육을 어떻게 바라보시는지요?

신혜수: 제가 보기에 IB 교육은 끊임없는 자기 성찰 과정입니다. 학습적인 부분을 철학적 고민 안으로 끌어들인 느낌이라고 할까요. 그것을 중고교 과정, 아니 초등학교 과정부터 적용한다는 게 놀랍기도 하고요. 그런데 교육 현장에서 이를 감당하는 교사들의 고민은 이렇게 정리할 수 있습니다. 이게 아이들에게 정말 도움이 되는가. 짧게는 진학률, 길게는 사회에서 아이들이 자기 진로를 찾아갈 때 사회인으로서 더 나은 성취를 보이는가 하는 겁니다. 그에 대한 증거와 설득이 필요합니다.

5. 자신을 성찰하고 타인을 배려하며 전문 지식을 갖춘 시민

" IB 교육이 추구하는 학습자상이자 인간상은 말씀하신 것처럼 자신을 성찰하고 타인을 배려하는 사람입니다. 무슨 주장을 할 때 다른 입장을 경청하고 사실관계를 확인한 다음, 그 차이를 좁히기 위해 겸손하게 노력하는 사람입니다. 여기에 전문 지식을 적용할 수 있으면 좋은 시민으로 자격을 갖춘다고 생각합니다."

제이슨 송: 이해합니다. 대학 합격률 수치는 얼마든지 제공 가능합니다. IBO에 통계 자료가 다 공개되어 있으니까요. 한데 그게 다였다면

'암기 잘해서 대학 잘 갔어'와 크게 다르지 않을 겁니다. 어떤 전문 지식이나 기능에는 유능하지만, 이기적이고 미덥지 못한 이들이 얼마나 많습니까.

IB 교육이 추구하는 학습자상이자 인간상은 말씀하신 것처럼 자신을 성찰하고 타인을 배려하는 사람입니다. 무슨 주장을 할 때 다른 입장을 경청하고 사실관계를 확인한 다음, 그 차이를 좁히기 위해 겸손하게 노력하는 사람입니다. 여기에 전문 지식을 적용할 수 있으면 좋은 시민으로 자격을 갖춘다고 생각합니다.

사회자: 그 말씀을 들으니 IB가 이상적이란 찬사와 비판을 동시에 받는 이유를 알 것 같습니다. 교장 선생님이 기존 AP 체계에서 IB 교육을 도입하기로 마음먹은 결정적 계기는 무엇이었습니까?

제이슨 송: 책에도 썼지만, AP의 경쟁이 과열되면서 아이들이 입시를 위해 외우는 방식으로 공부하는 게 마음에 들지 않았습니다. NCA는 당시에도 규모는 작지만 성취는 좋은 편이었거든요. 그래서 굳이 어려운 길을 갈 필요가 있느냐, 왜 고장 표시도 들어오지 않은 것을 고치려 하느냐 등 반대 의견이 있었습니다. 최종적으로 스스로 질문을 던졌습니다. 내 자식이라면 어떤 교육을 받길 원하는가. 그러고 나니 선명해지더라고요. 기존 AP 교육보다 IB 교육의 철학이 나은 방향이라고 판단했습니다.

한국의 선생님들이 IBO에 대한 의구심이 많으신 듯하니 덧붙여 볼게요. (웃음) 저는 IBO에서 요구하는 건 사실 아무것도 없다고 생각하거든요. 물론 연간 인증 학교 회비를 내죠. 그런데 그 돈이 어디에 쓰이느냐 하면 커리큘럼 연구에 쓰입니다. 제가 알기로 2~4년마다 몇 과목씩 커리큘럼을 계속 평가합니다. 변화하는 시대 흐름에 따라 조금씩 업데이트하고 수정해야 하는 것을 교육 내용과 콘셉트에 반영하고, 또 평가 기준을 정밀하게 조금씩 개선합니다. 이에 따라 적절한 교사 훈련을 제공하고요. 이게 IBO에서 하는 주된 일이라고 해도 과언이 아닐 겁니다.

또 IB 학교들은 지역별로 네트워크가 아주 활발하거든요. 저희도 커즈(CAWS: California Association of IB World Schools)라는 캘리포니아주에 있는 IB 학교 단체에 속해 있습니다. 여기는 무슨 회사가 아니고요, 지역 IB 교사와 학교 관계자들이 모여서 어떻게 하면 더 잘 적용할까, 이 평가 기준을 어떻게 해석할까 등을 매우 구체적으로 함께 고민하고 해결하는 조직이에요.

한데 커즈는 비용 부담 때문에 IB 도입을 어려워하는 주 공립학교에 전체 교육의 25%만 IB를 적용하라고 제안하기도 합니다. 공립학교가 이렇게 하면 주 정부 지원을 받을 수 있으니 재정 부담을 덜 수 있거든요. 이건 IB 교육을 25%만 적용해도 충분히 그 가치를 증명할 수 있다는 자신감에서 나온 제안이기도 합니다. IB 훈련을 받은 교사가 IB 철학을 갖고 가르치면, 기존의 교재와 기존의 교육과정을 유지하고 25%의 IB 교육만 포함해도 학생들이 달라진다고 확신하는 거죠.

신혜수: 그 말씀은 모든 교과목 교사가 다 준비된 상태로 시작하지 않아도 된다는 건가요? 예를 들면 인문학적 접근에 관심이 많은 과목의 담당 교사들부터 시도하는 방식으로요.

제이슨 송: 맞습니다. MYP와 PYP의 경우, 인증 학교 이전 단계부터 IB 교사 훈련을 마친 교사들이 IB 철학을 갖고 IB 형식으로 수업을 진행할 수 있습니다. 인증 학교가 아니라 학적부에 MYP나 PYP 과목을 이수했다고 적을 수는 없지만요. 학생과 학부모가 희망한다면, 한국에서도 관심 학교 단계에서 이렇게 시도해보면 좋을 것 같습니다.

미국 공립고교의 경우 AP 프로그램에 만족하지 못한 교사들이 자원해서 IB 교사 훈련을 받은 뒤 IB 형식으로 과목을 가르치는 파일럿(pilot) 사례가 제법 있습니다. 연차가 높은 교사들, 평생 AP로 가르쳐 왔는데 다른 방식이 필요하다고 느끼는 분들이 그런 시도를 많이 합니다. 젊은 선생님 중에도 주입식 학습법이 적절하지 않다고 느끼는 분들이 IB에 도전하고요. 6개 과목 그룹을 커버할 수 있는 교사가 모이면 여섯 과목부터 시작하고 차츰 늘려갑니다. 그래서 초반에 말씀드린 것처럼 많은 학교가 한 학교 안에 AP와 IB를 병행해요.

신혜수: 흥미로운 접근법이네요. AP와 IB 복합 체제를 유지할 수 있는 유연성이 부럽기도 하고요. 하지만 IB에서 요구하는 그 25%가 단순히 교재에서 4분의 1을 뽑아내는 수준이 아니고, 말씀하셨듯 사고의 체계를 바꾸는 문제지 않습니까. 그러니 보통 일이 아닌 건 여전히 사실입니다. 혼자 이해하는 수준도 아니고, 그걸 아이들에게 전달해야 하니까요.

제이슨 송: 네, 맞습니다. 절대 쉽지는 않습니다.

6. 자신을 믿고 도전해서 성취하도록 이끌어주는 교육

"현 교육 시스템 안에서 공부의 재미, 배우는 기쁨을 맛보지 못한 아이들이 많다고 생각합니다. IB 교육을 먼저 경험한 학부모로서 그런 아이들에게 공부에 접근하는 다른 방식을 알려주고 싶습니다."

김용미: 저희 딸은 한국 교육에 적응하지 못한 전형적인 아이였습니다. 어려서부터 경쟁하는 것도 힘들어했고, 공부가 별로 재미없는 그런 아이였어요. 그런데 중학교 졸업반부터 자신의 미래에 대해 끙끙 고민하더니 갑자기 유학을 보내달라는 거예요. 만류와 고민의 과정 끝에 보냈습니다. 보내면서도 과연 얘가 잘할 수 있을지 반신반의했어요. 그런데 그런 애가 바뀌었어요. 그렇게 열심히 공부

하는 걸 처음 봤어요. 넘어지면서도 계속 도전하게 만든 것, 그게 IB 교육의 힘이었다고 생각합니다.

▲ 이창기

이창기: 전적으로 동의합니다. 그래서 학부모 입장에서 질문하고 싶습니다. 저는 한국에 그렇게 공부의 재미, 배우는 기쁨을 맛보지 못한 아이들이 무척 많다고 생각합니다. 그런 아이들에게 공부에 접근하는 다른 방식을 알려주고, 자신을 믿고 도전해서 성취하도록 이끌어주는 교육이라면 어떤 학부모가 반대할까 싶은데요. 저는 그래서 공교육에 IB 교육 도입을 적극적으로 찬성하는 입장입니다. 두 분 말씀을 듣다 보니 기존 교육과 IB 교육으로 선택권을 줄 수 있다면 그것도 좋겠구나 싶네요. 제가 궁금한 건 국내 학교나 교사들 사이에서 IB 교육 도입에 부정적인 이유가 무엇인가 하는 겁니다.

신혜수: 이제 도입을 추진, 진행하는 입장이라 NCA나 기존 IB 학교 같은 교육 성과가 바로 나온다고 기대하는 건 조금 위험하지 않을까 싶습니다. 더불어 기존 교육이 그런 것처럼 IB 교육이 획일적으로 모두에게 다 맞는 것은 불가능하다고 생각하기 때문입니다. 그

래서 다양한 선택지를 주면 어
떨까 생각하는 거고요. 지금 시
점에서 교사들이 우려하는 건
도입과 추진 과정에서 자칫 기
존 방식 안에서 힘들어도 성실
하게 노력해온 아이들이 도리어
상대적으로 손해를 볼 수도 있
다는 점입니다. 적응하려면 시
간이 제법 걸릴 텐데, 그 시기 학

김용미 ▲

생들이 시행착오를 감당하게 하는 건 맞지 않으니까요. 그래서
개인적으로는 고교 과정보다 어린 학령부터 차근차근 추진하는
게 맞지 않나 싶고요.

제이슨 송: 저희도 IB 체제로 완전히 적응하는 데 꽤 오래 걸렸습니다. 한국
의 입시 부담은 미국과는 또 다른 면이 있을 거고요. 그런데 어린
학령부터 도입하기가 더 쉽지는 않습니다. 경우에 따라서는 교사
집단의 노력과 학부모의 인내가 더 필요합니다. 왜냐하면 DP 과
정은 외부 평가 등이 있어서 손에 잡히는 성적이란 게 있습니다.
그런데 PYP, MYP는 가시적인 결과물이 적거나 없어요. 그래서
학부모가 사교육을 받는 또래 다른 아이들과 비교하면 불안해지
기 쉽습니다. 우리 애들은 매일 쓸데없는 짓만 하는 것 같거든요.

그런데 그 시간이 쌓이면서 아이들이 IB 철학에 온몸으로 노출됩니다.

신혜수: 아이들 안에서 내적 폭발이 일어나는 거군요.

제이슨 송: 그렇습니다.

신혜수: 교사 관점에서 IB 도입이 기대되면서 걱정스러운 것은 교사의 역량 부분도 있다고 생각합니다. 2015 개정 교육과정을 지나면서 우리 교육과정이 꽤 긍정적으로 바뀌었거든요. 외부에서 볼 때는 아직도 멀었다고 평가할 수 있지만, 과거와 비교하면 교사들이 염원하던 교육과정 재구성이 가능해지면서 수업 자율권이 퍽 커졌습니다. 또 교육의 지향점, 목표 등을 보면 정말 좋은 내용이 다 들어 있습니다. 그래서 경력이 오래된 교사들이 볼 때 IB가 신선하지 않을 수도 있어요. 이거 이미 우리 교육과정에 다 있는 얘긴데 싶은 거죠.

하지만 냉정하게 말해서 교사 개개인이 교육과정에 있는 그 좋은 지향점을 본인의 수업에 다 녹여내고, 또 아이들이 클릭할 수 있게 전달하고 있는지 물으면 자신 있게 대답하기 어렵습니다. 저를 포함해서요. 그런 가운데 IB 철학과 마인드셋까지 적용해서 수업에 활용하는 게 가능할까 싶은 마음이 드는 것도 사실입니다.

제이슨 송: 제가 지적하고 싶은 부분입니다. 저는 전문가의 도움 없이 교사가 자체적으로 수업을 연구해 혁신이나 새로움에 이른다는 것에 회

의적입니다. 물론 교사 그룹 내에서 치열하게 고민하고 연구해야 합니다. 그러나 그것만으로는 부족하고 교사들을 이끌고 훈련하는 데 특화된 전문가가 필요합니다.

그런 면에서 IB 교사 훈련이 좋은 모델이라고 생각합니다. IB 수업을 실제로 20년, 30년 이상 해온 교사이자 교수법 전문가들이 레벨에 맞춰 훈련을 진행합니다. 과목별로도 진행하고 학년별로도 하는데요, 틀을 잡고 며칠 동안 함께 조목조목 풀어가는 겁니다. 다 같이 주제를 잡고, 훈련에 참여한 교사들이 사전에 준비한 수업안을 보고 거기에 대해 이렇게 하는 건 어떨까, 저렇게 접근하는 건 어떨까 하면서 구체적인 코칭을 합니다. 그러면 그걸 토대로 두세 개 안을 스스로 만들어봅니다. 그걸 다시 이렇게 바꿔보자, 저걸 더 담으면 좋겠다 계속 발전시켜요. 그렇게 며칠에 걸쳐 한 그룹별로 교사 10명의 수업안을 20개 이상 공유합니다. 훈련 과정 내내 아이디어와 의욕이 채워지는 걸 느낄 수 있어요. 학교로 돌아가면 자연스럽게 그게 발현되고요.

신혜수: 그러니까 훈련받은 교사들이 적정 수준 이상으로 수업을 구현할 수 있도록 치밀하고 정교하게 설계되어 있다는 거군요.

제이슨 송: 바로 그겁니다. 전체적인 시스템이 그렇고, 교사가 개별 수업을 그렇게 진행할 수 있도록 옆에서 적극적으로 돕습니다. 당연히 교사의 권한을 존중하면서요.

신혜수: 한국의 학교 시스템에서 소명감 있는 교사들이 힘들어하는 부분은 두 가지로 요약할 수 있습니다. 교사 개개인의 노력으로 입시에 매몰된 교육을 1%도 바꿀 수 없다는 무력감, 그리고 학교 내에서 교사 자신의 성장이 일어나지 않는다는 느낌입니다. IB의 그런 철학과 시스템, 접근 방식이 우리 교육에 제대로 스며든다면, 교사들이 우리 아이들이 이렇게 성장하는구나, 내 노력이 헛되지 않았구나, 이렇게 느낄 수 있지 않을까 기대되는 부분이긴 하네요.

7. 교사가 먼저 능동적인 평생 학습자로

  IB가 교사에게 요구하는 것은 아주 명료합니다. 교사 여러분, 학생들에게 능동적이고 자기 주도적 학습자가 되라고 가르치지 않습니까? 교사들이 먼저 주도적으로 배움을 추구해주십시오. 그리고 거기에 학생들이 동참하게 해달라는 겁니다.

제이슨 송: 네, 그렇습니다. IB가 초반 인증 절차가 까다롭고 교사 훈련을 3단계에 걸쳐 받게 하는 게 'AP는 돌아보지 말고 IB만 가르쳐라' 이런 유치한 편 가르기가 아니에요. (웃음) 제 생각에 IB가 교사에게 요구하는 것은 아주 명료합니다. 교사 여러분, 학생들에게 능

동적이고 자기 주도적 학습자가 되라고 가르치지 않습니까? 교사들이 먼저 주도적으로 배움을 추구해주십시오. 선생님들이 그렇게 자신들의 앞날을 만들어가고, 거기에 학생들이 동참하게 해주십시오, 이겁니다.

신혜수: 교사가 먼저 주도적인 평생 학습자로 살아가라는 문장에 생각이 많아집니다.

저는 교육이란 게 결국 정체성에 대한 고민이라고 생각합니다. 작게는 자신의 능력부터 크게는 내가 누구인지까지요. 그런데 우리는 중고등학교 시간 동안 그걸 완전히 잊으라고 하거든요. 좋은 대학에 가면 다 해결될 것처럼 미루는 방식으로요. 요새는 심지어 대학에 가서도 취업이나 자격증을 위한 공부가 이어지기도 하고요. 그런 면에서 IB 교육은 십대에 자신을 발견하는 데 상당한 시간을 준다고 이해가 되더라고요.

제이슨 송: 맞는 해석입니다. 그야말로 슬로 러닝(slow learning)인데, 이게 단지 지식적 개념을 이해하는 걸 넘어서 나는 그것을 왜 이렇게 보는가에까지 접근하는 거죠.

신혜수: 앞서 정체성의 연장선에서요, IB는 자기 성찰을 통해 '나는 누구인가'라는 질문을 끊임없이 던지는데요, 그래서 교장 선생님이나 NCA의 학생들처럼 다국적 문화를 가진 이들에게 더 잘 와닿고 잘 맞겠다는 생각도 듭니다.

제이슨 송: 분명 그런 면이 있을 겁니다. IB 교육이 다양성 가운데 보편성을 찾는 데에서 출발했고, 또 NCA가 있는 LA는 여러 인종과 언어, 문화가 뒤섞인 도시니까요. 다양한 구성원 중 하나라는 걸 인지하면 아무래도 자신에 대한 설명이 필요하고, 자신을 객관화하는 과정을 자연스럽게 겪지 않겠습니까.

신혜수: 네, 그런 면에서 다문화 사회라고 말하지만 여전히 단일민족(mono ethnic) 비율이 높은 우리 사회 환경과는 차이가 있습니다. 저는 조금 걱정스럽게 보는 부분인데요, 요즘 한국의 십대는 한류 붐 등에 힘입어서 해외에서 한국을 알고 최고라고 박수치

는 게 몹시 당연한 시대를 살고 있거든요. 우리를 객관적으로 설명해야 한다는 걸 이해하지 못할 때가 있습니다. 어떤 의미에서는 소수자로서 자각할 계기가 없었던 거지요.

제이슨 송: 중요한 지적이네요. 그럴 수 있겠습니다. 주류의 입장과 소수자의 입장을 두루 경험하는 건 매우 중요하다고 생각합니다.

IB의 마인드셋 중에 국제적 소양, 국제적 관점이란 게 있는데요. 이것을 전 세계가 하나가 되어야 한다, 국가의 장벽이 없어져야 한다, 이렇게 넓게 해석하기도 합니다. 개인적으로 그것까지는 동의하지 않는 편이에요. 다른 입장에 선 사람을 완전히 이해하는 건 사실 불가능하거든요. LA라는 다국적 도시에서 같은 시공간을 살아가지만, 저는 멕시코계 이민자와 다르고요, 같은 동양계라도 일본계, 특히 전쟁 때 수용소에 구금되어야 했던 이들과 달라요. 심지어 저희 부모님 같은 한국계 이민 1세대와도 다릅니다. 상대와 같은 경험을 해보지 않고 다 안다고 생각하는 건 일종의 오만이 될 수도 있거든요. 대신 내 자리에서 다른 사람의 입장에 서보려 노력하는 자세는 절대적으로 필요합니다. 그 사람은 다르게 주장할 수 있겠구나, 비판만 할 수는 없구나 하는 자세요.

NCA 특성상 주재원 자녀나 선교사 자녀가 꽤 있는데요, 그 아이들은 저 같은 한국계 미국인과 또 다릅니다. 다양한 문화에 노출된 만큼 여러 정체성을 갖고 살아갈 수밖에 없는 아이들이니까요. 그런 만큼 다른 것을 존중하고 인정하는 태도가 뛰어납니다. 개인적으로 한국에서 IB 교육을 고민하는 아이들이 이런 경험을 할 수 있으면 좋겠다는 생각이 드네요.

8. 학교가 교사를, 교사가 학생을 만족시키는 선순환 구조

❝학교장 입장에서 선생님들이 신나게 일할 여건을 만들어주기 위해 노력해야 합니다. 학교가 교사를 만족시키면 교사는 아이들을 만족시킵니다. 교사의 감정은 아이들에게 전달되기 참 쉽거든요. 교사가 가르치는 게 즐겁고 행복하면 아이들이 더 즐겁고 더 행복해져요. 그러면 자연스럽게 학교의 성취가 올라가고요. 저는 이게 선순환 구조라고 생각합니다.❞

사회자: 미국은 공립이든 사립이든 모두 교사가 개별적으로 원하는 학교에 지원하는 시스템으로 알고 있는데요, IB 교사 충원이 기존 학교보다 더 어려운 편입니까?

제이슨 송: 네, 미국도 당연히 IB 교사가 일반 교사보다 수가 적습니다. 하지만 미국도 전체적으로 학령기 아이들 수가 줄면서 교사 수가 넉넉해진 상황입니다. 또 미국 내에 IB 교육의 장점이 많이 알려지기도 했고요. 그래서 괜찮은 학교라는 명성이 있으면 결원이 있을 때 경쟁률이 제법 높습니다. NCA의 경우 공석이 생기면 경쟁

률이 100 대 1 정도 됩니다.

공립학교는 조금 다르지만 미국의 사립학교는 100% 시장 원리로 움직입니다. 교사가 학교 환경에 만족하지 못하면, 그러니까 교사가 실력과 열정이 있는데 학교 환경이 그걸 받쳐주지 못하면 언제든 학교를 떠날 수 있다는 뜻이에요. 학교로서는 우리 선생님들이 일하는 게 즐겁지 않으면 실력 있는 선생님을 잃을 수 있으니 학교장 입장에서 선생님들이 신나게 일할 여건을 만들어주기 위해 노력해야 합니다.

이를 또 다른 관점에서 보면, 학교가 교사를 만족시키면 교사는 아이들을 만족시킵니다. 교사의 감정은 아이들에게 전달되기 참 쉽거든요. 교사가 가르치는 게 즐겁고 행복하면 아이들이 더 즐겁고 더 행복해져요. 그러면 자연스럽게 학교의 성취가 올라가고요. 저는 이게 선순환 구조라고 생각합니다.

사회자: 한국에서도 교사 업무 범주를 구분해야 한다는 논의가 들려오는데 참고할 만한 이야기입니다. 끝으로 신 선생님, 우리 교육계가 풀어갈 IB 교육에 대해 어떤 기대가 있는지 들려주시겠어요?

신혜수: 네, 오늘 교장 선생님과 대화하다 보니 IB 교육을 받은 아이들은 프레임을 구축하면 어떤 낯선 분야에도 유연하게 적응한다는 걸 알 수 있었습니다. 지식적 접근은 물론이고, 어떤 상황이든 다 배울 게 있다고 받아들이는 자세도 그렇고요. 저도 제 학생들에게

그런 역량을 갖추게 해주고 싶거든요. 여러 면에서 IB 교육이 한국 교육에 좋은 의미의 돌을 던진 게 아닌가 합니다. 아직 갈 길이 멀지만 길이 놓이는 데는 시간이 걸리는 법이죠.

아, 개인적으로 IB 수업 장면을 더 많이 볼 수 있으면 좋겠습니다. 우리말로 된 수업 장면이 사실 많이 부족하거든요.

제이슨 송: 안 그래도 편집부의 설득으로 제가 어렵게 스크립트를 만들었습니다. (웃음)

사회자: 대담을 정리하기 전에 교장 선생님께 개인적인 질문을 좀 드릴게요. 교장 선생님 이력이 특이합니다. 정치학을 공부하고 컨설턴트로 일하다 어느 날 갑자기 가르치는 사람, 그것도 학교 설립자가 되었습니다. 어떻게 그런 결심을 하게 된 건가요? 또 두 자녀를 직접 NCA에서 가르쳤는데 어땠는지도 궁금합니다.

제이슨: 아무것도 몰랐기 때문에 도전할 수 있었죠. 모르면 용감해지잖아요. (웃음) 대학원에서 정치학을 공부하던 시절 저는 대학생을 가르치는 교수가 되고 싶었습니다. 그런데 우연찮은 계기로 적지 않은 대학생들이 수업에 참여하고 공부에 접근하는 것을 힘들어하는 걸 알게 되었어요. 또 비슷한 시기 맡았던 교육 컨설팅 프로젝트에서 초중고교생 역시 같은 어려움이 있다는 걸 확인했고요. 당시 참 많은 생각을 했는데, 결론은 '아이들이 기초를 잘 쌓을 수 있게 도와서 대학에서 신나게 자기 길을 찾아갈 수 있게 해보

자'였습니다. 기존과는 다른 사명과 지향점이 있는 학교가 꼭 필요하다고 느껴 설립까지 한 거죠.

돌아보면 당연히 시행착오도 있었고 힘든 일도 있었죠. 초반에는 그렇게 규모가 작은데 진짜 학교가 맞냐, 박사 공부까지 한 사람이 왜 저러냐 이런 말을 듣는 게 조금 힘들었고요. 중간에는 IB 교육 방향을 이해하지 못하거나 무리한 요구를 하는 학부모를 달래고 설득하는 것이 어려웠죠. 아내가 없었으면 절대 여기까지 못 왔을 겁니다. 제가 조급해할 때마다 가르치는 것은 멀리 보고 가야 한다며 한결같이 지지하고 끌어줬어요. NCA가 어느새 25년째거든요. 졸업한 아이들이 학부모가 되어서 돌아오는 경우가 생기고 있는데 마음이 참 뭉클합니다.

NCA의 시작이 제대로 가르치는 학교, 믿고 맡길 수 있는 학교가 필요하다, 내 자녀를 보내고 싶은 학교를 세우자 이런 마음이었고 IB 도입을 결정할 때도 그랬거든요. 그래서 저희 아이들을 직접 가르치는 건 저희 부부에겐 당연한 일이었어요. 아이들이 초등학생 때까지는 엄마 아빠와 매일 함께 학교에 가는 것을 마냥 좋아했죠. 그러다 중학생이 될 때쯤부터 아이들이 힘들어했어요. 아무래도 친구들이 다양한 요구를 하거든요. 왜 수업이 이렇게 어렵냐, 너희 아빠가 교장 선생님이니까 다른 선생님들 숙제 좀 덜 내게 얘기 좀 해봐라, 우리 학교는 왜 매일 교복을 입어야 하나

등등이요. 하지만, 두 아이가 잘 견뎌줬고 둘 다 우수한 성적으로 DP를 이수했습니다. 현재 둘 다 로스쿨에 재학 중인데 자기 미래를 잘 찾아가고 있어 대견하고 정말 고마워요.

사회자: 마지막 질문은 이것으로 하겠습니다. 기존 AP 체제에서 IB 교육으로 전환하고 나서 교장 선생님이 진짜 잘했구나 실감했던 구체적인 에피소드가 듣고 싶습니다.

제이슨 송: 와, 정말 많은데요. 지금 기억이 나는 건 초반이네요. AP 졸업생 한 녀석이 학교에 찾아와서 그러는 거예요. "교장 선생님, 너무해요. 왜 우리 때는 IB로 안 가르쳐주셨어요? 동생이 공부하는 걸 보는데 진짜 너무 부러워요." 이 친구가 AP로 졸업했고, 동생은 IB로 졸업했어요. 그때 생각했죠. 와, 아이들도 아는구나, 피부로 느끼는구나.

또 최근에 저희가 IB 재인증 심사를 받았습니다. 현장 실사와 교사 인터뷰 등을 다 마친 뒤에 심사관이 저한테 "이런 학교라면 내 자녀를 보내고 싶다"라고 코멘트를 줬어요. 제가 세웠던 기준을 심사관에게 들으니 우리가 바른 방향으로 가고 있구나, 그간 애쓴 게 헛된 게 아니구나 싶어 참 감사한 마음이 들었습니다.

사회자: 두 분 선생님, IB 교육에 대해 다양한 논의를 나눠주셔서 감사합니다. 긴 시간 수고하셨습니다.

제이슨 송, 신혜수: 감사합니다.

도움을 받은
책과 문헌

에리구치 칸도, 『왜 지금 국제 바칼로레아(IB)인가?』, 신경애·이지은·강현석 옮김, 교육과학사, 2021

윌리엄 에어스, 『가르친다는 것: 교실을 살리기 위해 애쓰는 모든 교사들에게』, 홍한별 옮김, 양철북, 2012

이범, '교사가 평가권 갖는 IB, 왜 불신하나', 『에듀인뉴스』, 2019.01.10

이범, '혁신학교 다음', 『경향신문』, 2019.05.22.

이와사키 구미코, 『국제바칼로레아 도입과 실행: 글로벌 사례에서 배운다』, 장민주 옮김, 교육을바꾸는사람들, 2020

이혜정, '교육 패러다임 전환: 평가 혁신을 통하여 IB 한국어화 과정' 『한국대학신문』 2021.12.22.

이혜정, '물 만난 물고기를 만드는 교육', 『매일경제』, 2019.04.05.

이혜정, '한국형 바칼로레아 준비할 때', 『매일경제』, 2019.05.17.

이혜정·이범·김진우·박하식·송재범·하화주·홍영일, 『IB를 말한다』, 창비교육, 2019

정성윤, 'IB는 고육(苦肉)을 교육(教育)으로 만들까', 『에듀인뉴스』, 2019.04.24

최민아, 『앞서지 않아도 행복한 아이들』, 효형출판, 2022

최재천·안희경, 『최재천의 공부』, 김영사, 2022

최종홍, '뜨거운 감자 IB: 한국 교육혁신의 대안인가, 유행인가?', 『대한민국 교육트렌드 2023』, 에듀니티, 2022

폴 김·함돈균, 『교육의 미래, 티칭이 아니라 코칭이다』, 세종서적, 2020

하화주, 『IB 우리의 미래 교육』, 스콜레, 2023

홍영일, '국제바칼로레아(IB) 국내 도입의 장점과 문제점', 『교육개발』, 2022 겨울호

후쿠다 세이지, 『왜 세계는 IB에 주목하는가: 국제바칼로레아의 모든 것』, 교육을바꾸는사람들 옮김, 21세기교육연구소, 2019

Billig, Shelley H. "Service and service-learning in International Baccalaureate High Schools: An international comparison of outcomes and moderators." International Journal of Research on Service-Learning and Community Engagement, vol. 5, no. 1, 2017, https://doi.org/10.37333/001c.29755

Bergeron, Liz. "Diploma Programme students' enrollment and outcomes at US postsecondary institutions 2008-2014." International Baccalaureate Organization, 2015, https://ibo.org/globalassets/new-structure/research/pdfs/dp-student-enrollment-outcomes-us-en.pdf

Cambridge, James, and Anna Simandiraki. "Interactive intergenerational learning in the context of CAS in the IB diploma programme." Journal of Research in International Education, vol. 5, no. 3, 2006, pp. 347-366
https://doi.org/10.1177/1475240906069463

Costa, Arthur L., and Bena Kallick. Habits of Mind across the Curriculum: Practical and Creative Strategies for Teachers. Association for Supervision and Curriculum Development, 2009.

Davies, Scott, and Neil Guppy. "Comparing university outcomes of International Baccalaureate Diploma Programme graduates to their peers in Toronto and Vancouver, Canada." International Baccalaureate Organization, 2022,
https://ibo.org/globalassets/new-structure/research/pdfs/canadian-postsecondary-final-report.pdf

Dickson, Anisah, et al. "Challenges of the international baccalaureate middle years programme: Insights for school leaders and policy makers." Education Policy Analysis Archives, vol. 29, no. August-December, 2021, p. 137,
https://doi.org/10.14507/epaa.29.5630

Drapeau, Patti. Sparking Student Creativity: Practical Ways to Promote Innovative Thinking and Problem Solving. 2014.

Dufour, Richard. Learning by Doing: A Handbook for Professional Learning Communities at Work, Third Edition (A Practical Guide to Action for Plc Teams And. Solution Tree, 2016.

Dweck, Carol S. Mindset the New Psychology of Success. Ballantine Books, 2016.

Frey, Nancy, et al. The Social-Emotional Learning Playbook: A Guide to Student and Teacher Well-Being. Corwin, 2022.

Fullan, Michael. The Moral Imperative of School Leadership. Ontario Principals' Council, 2003.

Geiser, Saul, and Roger Studley. "UC and the SAT: Predictive validity and differential impact of the SAT I and sat II at the University of California." Educational Assessment, vol. 8, no. 1, 2002, pp. 1-26,
https://doi.org/10.1207/s15326977ea0801_01

Gray, Susan Penny, and William A. Streshly. From Good Schools to Great Schools: What Their Principals Do Well. Corwin Press, 2008.

Gruenert, Steve, and Todd Whitaker. School Culture Rewired: How to Define, Assess, and Transform It. Association for Supervision and Curriculum Development, 2015.

Hebert, Elizabeth A. The Power of Portfolios: What Children Can Teach Us about Learning and Assessment. Jossey-Bass, 2001.

Hess, Karin. Rigor by Design, Not Chance: Deeper Thinking through Actionable Instruction and Assessment. Association for Supervision and Curriculum Development, 2023.

Hesselbein, Frances, et al. The Leader of the Future 2 Visions, Strategies, and Practices for the New Era. Jossey-Bass, 2006.

Himmele, Pérsida, and William Himmele. Total Participation Techniques: Making Every Student an Active Learner. Association for Supervision and Curriculum Development, 2017.

Hill, Ian, and Susan Saxton. "The International Baccalaureate (IB) programme: An international gateway to higher education and beyond." Higher Learning Research Communications, vol. 4, no. 3, 2014, p. 42-52, http://dx.doi.org/10.18870/hlrc.v4i3.123

Jackson, Robyn Renee. Never Work Harder than Your Students & Other Principles of Great Teaching. Association for Supervision and Curriculum Development, 2009.

Kouzes, James M., and Barry Z. Posner. Credibility: How Leaders Gain and Lose It, Why People Demand It. Jossey-Bass, 2011.

Lee, Moosung, John A. Spinks, Ewan Wright, Jenny Dean, and Ji H. Ryoo. "A Study of the Post-Secondary Outcomes of IB Diploma Alumni in Leading Universities in Asia Pacific: Report for the International Baccalaureate Organization." International Baccalaureate Organization, 2017.

Markholt, Anneke, et al. Leading for Professional Learning: What Successful Principals Do to Support Teaching Practice. Jossey-Bass, 2018.

Marzano, Robert J. The New Art and Science of Teaching. Solution Tree Press, 2017.

Marzano, Robert J., et al. School Leadership That Works: From Research to Results. Hawker Brownlow Education, 2006.

Ostroff, Wendy L. Cultivating Curiosity in K-12 Classrooms: How to Promote and Sustain Deep Learning. Association for Supervision and Curriculum Development, 2016.

Paris, Scott G., and Linda R. Ayres. Becoming Reflective Students and Teachers: With Portfolios and Authentic Assessment. American Psychological Association, 2006.

Pilchen, A, Kyra Caspary, and Katrina Woodworth. "Postsecondary outcomes of International Baccalaureate Diploma Programme graduates in the United States." International Baccalaureate Organization,
https://ibo.org/globalassets/new-structure/research/pdfs/us-postsecondary-outcomes-final-report.pdf

Popham, W. James. Transformative Assessment. Association for Supervision and Curriculum Development, 2008.

Reeves, Douglas B. The Learning Leader: How to Focus School Improvement for Better Results. Association for Supervision and Curriculum Development, 2020.

Saavedra, Anna R. "The Academic Impact of Enrollment in International Baccalaureate Diploma Programs: A Case Study of Chicago Public Schools." Teachers College Record, v. 116, no. 4, 2014.

Shirley, Dennis, and Andy Hargreaves. Five Paths of Student Engagement: Blazing the Trail to Learning and Success. Solution Tree Press, 2021.

Stipek, Deborah, and Kathy Seal. Motivated Minds: Raising Children to Love Learning: A Practical Guide to Ensuring Your Child's Success in School. H. Holt and Company, 2001.

Walsh, Jackie Acree, and Beth Dankert Sattes. Questioning for Classroom Discussion: Purposeful Speaking, Engaged Listening, Deep Thinking. Association for Supervision and Curriculum Development, 2015.

IBO 웹사이트 자료

www.ibo.org/about-the-ib/the-ib-by-region

www.ibo.org/benefits/learner-profile

www.ibo.org/contentassets/477a9bccb5794081a7bb8dd0ec5a4d17/educatingandinforming timnettletonnov11.pdfwww.ibo.org/globalassets/new-structure/research/pdfs/dp-student-enrollment-outcomes-us-brief-en.pdf

www.ibo.org/globalassets/new-structure/about-the-ib/pdfs/ib-history-timeline-en.pdf

www.ibo.org/globalassets/new-structure/brochures-and-infographics/pdfs/transformative_pd.pdf

https://www.ibo.org/globalassets/new-structure/become-an-ib-school/pdfs/what-is-an-ib-education-ko.pdf

www.ibo.org/jobs-and-careers/ib-educator-network/iben-roles/

www.ibo.org/research/outcomes-research/diploma-studies/international-baccalaureate-programmes-in-title-i-schools-in-the-united-states-accessibility-participation-and-university-enrollment-2015/

www.ibo.org/ib-world-archive/may-2012-issue-65/why-the-ib-diploma-programme-is-ideal-preparation-for-university/